Biblioteca Austriaca

Biblioteca Austriaca

Colección fundada por
Juan Marcos de la Fuente

EL ORIGEN DE LAS CIENCIAS SOCIALES

Lorenzo Infantino (1948-2025)

Lorenzo Infantino

EL ORIGEN DE LAS CIENCIAS SOCIALES

Edición al cuidado de
José Antonio de Aguirre

Introducción a la edición española por
Raimondo Cubeddu

Unión Editorial
2025

A José Antonio de Aguirre y a Raimondo Cubeddu,
amigos muy queridos, profesores y estudiosos incansables

Título original: *Alle origini delle sciennze sociali,*
2022, Rubbettino Editore,
Soveria Mannelli, Italia.

© 2025 para la edición española;
UNIÓN EDITORIAL, S.A.
c/ Hilarión Eslava, 21 • local • 28015 Madrid
Tel.: 913 500 228
Correo: editorial@unioneditorial.net
www.unioneditorial.es

ISBN: 978-84-7209-947-0

Depósito legal: M. -11.311-2025

Artes de cubierta y textos por Ignacio P. Rico Guastavino
Compuesto e impreso por EL BUEY LIBERAL, S.L.

Printed in Spain • Impreso en España

ÍNDICE

9

INFANTINO
IN MEMORIAM

Lorenzo Infantino había nacido en Gioia Tauro, Reggio Calabria en 1948 y nos dejó el pasado diecisiete de enero, discretamente, como solía vivir, después de acabar de revisar la edición española de su último libro que el lector tiene ahora en sus manos. Era economista de formación y su carrera científica se había iniciado después de la profesional, en el Banco de Italia, durante la época del gobernador Paolo Baffi, algo que siempre tuvo presente y de lo que estaba muy orgulloso. Desde allí pasó a la LUISS, colaborando con Luciano Pellicani y Dario Antiseri en el Centro de Metodología de las Ciencias Sociales.

Un tanto ajeno a los asuntos propios del funcionamiento de los centros universitarios, la LUISS iba a ser su mundo hasta su jubilación. Estaba orgulloso de los muchos estudiantes que asistían a sus clases y de las discusiones que mantenía con sus colegas. Los estudios que en homenaje a Lorenzo Infantino (*Individuo, libertà e potere. Studi in onore di Lorenzo Infantino*) editado por Raimondo Cubeddu y Pietro Reichlin, publicados por Rubbettino en el 2019, así lo demuestran, y son tenidos en gran estima personal y científica, pero no buscó ni dejó «discípulos», al menos en el ámbito de lo académico.

En la LUISS-Guido Carli de Roma, Lorenzo Infantino eligió la enseñanza de disciplinas pertenecientes al amplio campo de la filosofía y la metodología de las ciencias sociales.

Realizó su labor como una misión que le daba la oportunidad de introducir a los jóvenes estudiantes y futuros estudiosos en algo que, rara vez, podrían haber aprendido de una manera tan rigurosa y sin prejuicios consolidados pero falaces, a saber: los fundamentos de la filosofía política liberal. La suya fue una enseñanza apasionante, en la que tuvo la oportunidad de poner de relieve su enorme familiaridad con una tradición, cuyas fuentes y diversas articulaciones conocía muy bien porque las había investigado en todas sus dimensiones, la económica, la política, la sociológica, jurídica y filosófica y, ya en sus últimos años, también en un campo que resulta fundamental, el de la teoría del conocimiento.

Lo que le hizo feliz fue comprobar que la ciencia y la pasión con la que se dedicó a la docencia no fueron infructuosas, y que los contactos que se iniciaban en las aulas continuaban luego fuera de ellas. Incluso cuando aquellos jóvenes estudiantes ya habían quedado establecidos en la sociedad, ya fuera en el mundo del periodismo, que él siempre había cuidado, o en el de los negocios. Un rayo de esperanza para el futuro de las ideas liberales, en un mundo que, una vez más, se engaña a sí mismo, pensando que las ha superado, y que parece no perder la oportunidad de intentar subordinarlas a algo superior. Algo que, en una ocasión se promocionó como el fin y cumplimiento de la historia en una sociedad socialista, y ahora lo hace con las múltiples y contradictorias manifestaciones de una ética sin dios que trasciende la de los individuos en el ecologismo y en los Derechos Humanos. Las modas intelectuales, quizás un ejemplo de la decadencia de la época, y de la fascinación que ejercen profetas improvisados, especuladores intelectuales cínicos y desvergonzados, es algo de lo que Lorenzo siempre se mantuvo bien alejado, cuidando que no se le confundiera con ellos. Hasta el punto de caer en una reserva, desdeñosa, pero dolorosa que a veces rayaba en la soledad voluntaria.

Lorenzo, en su juventud parece haber tenido una vida social más intensa y mundana que la que llevó luego, sobre la que mantenía una reserva «calabresa» y permanecía soltero, de manera que su familia intelectual la constituían sus estudiantes y algunos de sus compañeros de universidad, junto a muchos colegas dispersos por Italia, Europa Occidental y América. Su estancia en la Universidad de Oxford le había marcado y a Gran Bretaña retornaba con frecuencia también para perderse en las tierras escocesas de sus maestros. Tras la muerte de sus padres, su familia de origen era corta y la integraban su hermana y un hermano a los que añadía, como si hermanos suyos fueran, otros amigos entrañables españoles como el inolvidable Juan Marcos de la Fuente, su editor en aquel país, y José Antonio de Aguirre, al que junto conmigo dedico la edición italiana de esta su última obra.

Lorenzo era consciente de que el trabajo de «profesor» y científico social requería ciertas características, entre las que sin duda figuraban la perspicacia, el compromiso constante o el rigor intelectual y científico, a los que añadía siempre un modo adecuado de hacer acto de presencia. Su elegancia era proverbial, y su compostura tranquila. No pretendía despertar pasiones o entusiasmos momentáneos sino hacer reflexionar para luego, desde lo más profundo de la conciencia y el conocimiento, incluso de forma inesperada, proceder a analizar, comprender y evaluar la realidad con la pasión del rigor científico. Lorenzo era muy consciente de que en el calor de las polémicas intelectuales y de las contingencias que a menudo las envuelven, se corre el riesgo de perder la conciencia de la importancia de los temas que se querrían abordar, y las rehuía. No negaba ni descuidaba la importancia de la prensa periódica y de los medios de comunicación para la difusión de las ideas, pero estaba, al mismo tiempo, convencido de que su impacto sería transitorio, si no estaba basado en sólidos fundamentos científicos, y en ese rigor conceptual y metodológico que translucen de inmediato sus escritos. Algo que se había propuesto hacer sin titubear.

Nos conocíamos desde hacía casi cincuenta años, pero como él vivía en Roma y yo pasaba la mayor parte de mi tiempo en Pisa, hablábamos, con frecuencia, por medio del teléfono. Hablábamos poco de nosotros y de nuestra salud, de manera que nuestras conversaciones versaban sobre lo que estábamos haciendo y lo que pretendíamos hacer. De nuestros proyectos que parecían no tener nunca un final ni una fecha límite. Como si fuéramos todavía jóvenes eruditos con un horizonte temporal que sabíamos impredecible pero, ingenuamente, imaginábamos ilimitado. Debo confesar que el medio de comunicación que nos veíamos obligados a utilizar nos permitía captar las reacciones suscitadas a lo que intercambiábamos, casi mejor que si hubiéramos estado uno frente a otro.

Por supuesto, también hablábamos de lo que nuestros colegas y amigos estaban haciendo, y también solíamos tratar con creciente consternación, y en términos generales, de nuestras disciplinas y de los horizontes de investigación que la creciente burocratización de la universidad y la enseñanza, parecían confinar en una especie de conformismo opresivo. Incluso intentaba bromear sobre ello, lanzándome los bondadosos reproches de Lorenzo quien me recordaba la gravedad de la situación que, para los dos, consistía en el estancamiento de las ideas liberales, aquella idea de la libertad personal cuyos márgenes veíamos cómo iban estrechándose de manera progresiva e inexorable.

Eran viejos discursos profesorales pero nos conocíamos desde hacía casi medio siglo y tratando de no ser patéticos con nosotros mismos, podíamos permitirnos bromear y confiarnos el uno al otro, lo que eran nuestras preocupaciones comunes. Nada en la llamada telefónica realizada unos días antes de su desaparición podía haber sugerido una muerte que no estaba en sus planes. Estaba terminando un libro al que había dedicado mucho tiempo, mucha atención, sumo cuidado y que iba a constituir un nuevo examen de los orígenes intelectuales y la naturaleza del totalitarismo en el siglo XX pasado, desarrollando los análisis que le habían dedicado Friedrich A. von Hayek y Ludwig von Mises al término

14

de la Segunda Guerra Mundial, pero tenía en mente muchos otros proyectos para un futuro para el que no imaginaba un límite.

Como acostumbra a suceder entre los estudiosos con talento, entre aquellos apasionados con el trabajo que realizan porque creen en el poder de las ideas, la terminación de un proyecto deja pocos días libres, y de inmediato ya están iniciando otro. Lorenzo tenía muchos proyectos en su cajón, tras muchos años de trabajo ininterrumpido en los que además de enseñar había escrito numerosas obras y había dedicado también mucho tiempo a difundir el pensamiento de otros, traduciendo sus obras al italiano. Hace no mucho se había ocupado de volver a traducir al italiano, precedida de una larga introducción, la edición crítica editada por Jeremy Shearmur en el 2019, de la importante obra de Friedrich A. Hayek, *Derecho, Legislación y Libertad*. También hace años, y en colaboración con Simona Falloco y Nicola Ianello, había hecho otro tanto con la *Acción Humana* y el *Socialismo* de Ludwig von Mises, obras que, acertadamente, creía que habían impulsado un giro revolucionario en la filosofía de las ciencias sociales del siglo pasado y en cuya estela se reconocía enteramente. Tanto es así que podía llegar a pensarse que sin ellas muchas de las discusiones que se habían llevado a cabo en estos campos durante el siglo anterior, habrían carecido de importancia. Según Lorenzo, se trataba de controversias que ni siquiera habrían surgido en ausencia de lo que Mises y Hayek habían escrito acerca del socialismo, la planificación de la economía y el intervencionismo. Es decir, los mitos fallidos que habían sentado las bases ideológicas y económicas de todos los totalitarismos del siglo pasado. Volviendo al caso de Italia, a menudo nos preguntábamos cual habría sido el resultado de la famosa controversia iniciada en 1927 por Benedetto Croce y Luigi Einaudi sobre el «liberalismo» y el «liberismo» (la economía de libre de mercado), si ellos hubieran podido leer el libro de Mises sobre el socialismo que aparecería cinco años después.

Lorenzo, de hecho, —y estoy plenamente de acuerdo con él,—estaba firmemente convencido de que la revolución protagonizada por los escritores de la Escuela Austriaca de Economía era una de las más importantes e influyentes de la historia del pensamiento occidental y así lo había escrito en un reciente y hermoso ensayo bajo el título de *La Rivoluzione Marginalista*, en una obra colectiva editada por Diana Thermes titulada *Rivolutione & Rivolutioni*, —*Rivolutions dello Spirito*, Vol. II (Carabba, Lanciano 2025) que acaba de aparecer. No solo por las implicaciones que tuvo en relación con la teoría económica anterior del valor sino, sobre todo, por sus implicaciones epistemológicas y, en particular, porque al arrojar nueva luz sobre las motivaciones de las acciones humanas y sus consecuencias, sentó las bases de una nueva teoría que explica mejor las instituciones sociales, y su evolución no finalista o determinista, a la luz de la teoría, según la cual, toda acción humana tiene consecuencias no intencionadas, al margen de las motivaciones que nos han llevado a emprenderlas y cualquiera que sea la ética que las inspira.

Desaparecidos los Maestros de nuestros años de formación, Lorenzo era para mí una de las pocas personas que quedaban a las que podía hacer leer lo que escribía (como él hacía habitualmente conmigo también) para tener una valoración y un juicio que, aun cuando no fuera compartido ni apreciado (y podía ocurrir) no pasaba desapercibido. Era, por tanto, y no hay necesidad de andarse con rodeos, un amigo. Un «verdadero amigo» con el que cada encuentro era una ocasión festiva que pronto tomaba un cariz melancólico cuando, inevitablemente, terminábamos hablando de aquellos maestros, y de aquellos que solo habíamos conocido a través de sus obras y con los que nos hubiera gustado tener la oportunidad de intercambiar, aunque solo fuera un respetuoso saludo.

La suya fue una intensa vida de estudio de sus autores que, en parte, eran también los míos, sin que esto le incomodara, absorbían su vida y sus intereses; y descubría sin cesar en ellos nuevos aspectos sobre los que volcaba su inagotable e intensa atención. Unos días antes de su inesperada muerte, la última vez que hablamos, estaba particularmente feliz porque estaba a punto de salir una nueva edición de su libro más apreciado *El orden sin plan* (Biblioteca Austriaca, Unión Editorial 2000). Una obra sobre la tradición liberal individualista que le había dado fama internacional, y cuya edición inglesa fue reseñada en prestigiosas revistas.

Lorenzo fue un estudioso riguroso, quizás un tanto severo que no se permitía bromas sobre asuntos que consideraba serios, y sobre autores que había estudiado con dedicación y acerca de los cuales escribió páginas que nunca olvidaría. En alguna ocasión le dije que no le hubiera venido mal alguna dosis de «ligereza». Al fin y al cabo, habíamos realizado nuestro trabajo de profesores porque nos gustaba y nos divertíamos al hacerlo. Pero Lorenzo no lo aprobaba y me invitaba, en vano, a no bromear sobre cosas que consideraba de extrema importancia.

Además de las obras que acabo de mencionar, en el 2013 apareció su obra *Potere: La dimensione politica dell'azione umana* que mereció una traducción inglesa. Se trata de una obra que aborda un tema fundamental para la filosofía política desde una perspectiva liberal. El trabajo que el lector tiene ahora en sus manos es la edición española de su última obra sobre el origen de las ciencias sociales, y aprovecho la ocasión para señalar que, a mi juicio, uno de los mayores méritos de Infantino ha sido la idea de reunir en un solo volumen (*Conoscenza e processo sociale*, Rubbettino, 2023) todos los ensayos de Hayek dedicados al problema del conocimiento humano (algo que quizá ni siquiera los editores de sus *Obras Completa* se han planteado). Se trataba para Infantino de una colección que (desmontando la idea de que Hayek era un economista que, como tenía ya poco que decir sobre lo que habían dicho otros en teoría económica, se había dedicado a la filosofía de las ciencias sociales, desarrollando una versión ideológica, nostálgica, y un tanto conservadora del liberalismo clásico) sirviera para demostrar que, en realidad, las teorías económicas y políticas de Hayek se basan en una original y fecunda teoría del conocimiento humano.

En concreto, esos ensayos abordan la cuestión de cómo la mente humana clasifica los «datos sensoriales» a lo largo del tiempo, y las formas y razones por las que se producen esas clasificaciones. Esto contribuiría entonces a cambiar radicalmente la consideración que algunos hacen de la obra de Hayek, como uno de los pocos que en el siglo XX lograron elaborar un sistema del que la ciencia económica, la filosofía política y las ciencias sociales, eran una consecuencia. Hayek se convertiría en el gran filósofo de su tiempo dentro de la tradición liberal y no solo un intérprete más de esa tradición.

Si se quiere describir en pocas líneas la misión filosófica y cultural a la que se había dedicado Lorenzo Infantino, hilo conductor de su vasta y diversificada producción científica, se podría decir, -y el libro que el lector tiene entre sus manos así lo muestra—, que estaba centrada y consistía en la demostración de la íntima conexión existente entre los más eminentes representantes de **la** Ilustración Británica (en particular Bernard de Mandeville, Adam Smith, David Hume y Edmund Burke) y los de la Escuela Austríaca. En esto, Infantino siguió la senda que Hayek había marcado sin socavar su sustancia sino, más bien, enriqueciéndola, como se desprende claramente de los escritos contenidos en este volumen, con argumentos y ejemplos nuevos e importantes. Ejemplo que, en algunos casos, y esto es claramente evidente en este libro que, a la vez, le sirve para destacar la influencia negativa que han tenido algunos pensadores que, con frecuencia y erróneamente, son situados entre los precursores o fundadores de la tradición liberal.

Por mi parte no tendría sentido ocultar que entre Lorenzo y yo había alguna discrepancia. Me refiero, claro está, al duro juicio que hiciera Carl Menger de la obra de Adam Smith, que yo destaqué en mi obra *Epicureismo e Individualismo. Per una storia della filosofía política* (Rubbettino, 2024). Lorenzo encontraba este juicio injusto y poco generoso, invitándome a ser más cauteloso a la hora de dar ideas a los muchos enemigos del liberalismo. En esto quizás tenía razón, pero el desacuerdo, al señalar la escasa influencia de los británicos en Menger, no quiere decir que yo negara la conexión existente entre británicos y austriacos y, menos aún, la brillante «operación cultural» que había llevado a cabo Hayek a la hora de cimentar en nuevas y sólidas bases el liberalismo, abriendo así nuevos horizontes. Ese desacuerdo nunca alteró en absoluto nuestras relaciones científicas ni nuestra amistad. Entre otras cosas porque siempre que la cosa corría el riesgo de tornarse sería, acabábamos refugiándonos en un tema sobre el cual no había entre nosotros la más mínima sombra de disenso, como el de la influencia negativa ejercida por Croce en el desarrollo del liberalismo italiano. Una tradición liberal en la que Lorenzo Infantino identificó pocas luces y que vio realizada por la influencia que ejerció sobre ella el redescubrimiento, aunque tardío, de los máximos representantes del liberalismo clásico anglosajón y de Bruno Leoni, en cuya difusión él había hecho una contribución importante.

Lo que teníamos en común era la férrea convicción de que, sin los «austriacos», del liberalismo hoy se hablaría como un resto inocente y patético de un pasado con respecto al cual «la mano invisible» se había mostrado mezquina, dando lugar a una ideología de la burguesía a la que el socialismo marxista le había asestado sin remedio un golpe mortal y definitivo. Lorenzo sabía bien que no había sido así y esto se lo debía, en primer lugar, a los austriacos, a Eugen von Böhm-Bawerk (véase su obra *La Conclusión del Sistema Marxiano,* Unión Editorial y la *Teoría Positiva del Capital,* Ediciones Aosta) y Mises que supieron extraer una teoría de la acción humana de la teoría subjetiva del valor que terminó de cimentar luego Hayek. Lorenzo sabía perfectamente que su liberalismo, aquel en el que se reconocía, no tenía nada en común con el *intervencionismo* de lo que hoy llamamos neoliberalismo, y que sueña con realizar la libertad, mediante una marcada y decisiva acción política por parte del Estado.

En el renacimiento del Liberalismo en Italia, a finales del siglo pasado, Lorenzo Infantino ocupa un lugar central. Aunque solo sea porque junto a Dario Antiseri dio vida a ese monumento de la cultura liberal que es la Biblioteca Austriaca que Juan Marcos de la Fuente en España y Florindo Rubbettino en Italia ayudaron a editar y difundir en sus propias lenguas.

No podría decir si Lorenzo se sentía más cercano a Mises o a Hayek. Pero junto a Adam Smith y algunos otros como Max Weber, George Simmel y José Ortega y Gasset, los austriacos fueron sus Autores. Poseía un profundo conocimiento de Platón y con ellos tejió un continuo diálogo intelectual (aunque no le gustaba como a mí este término) que no tenía un carácter filológico erudito, sino el objetivo de iluminar una comprensión serena pero perspicaz del presente y sus problemas.

Lorenzo, de hecho, huía de las modas y de aquellos que imprudentemente se dejaban abrumar por ellas. Del mismo modo, no estaba de acuerdo con todos aquellos que esperaban desempeñar en la política el mismo papel que habían desempeñado en los estudios. Por eso, a pesar de las oportunidades, nunca se dejó tentar por la política y por los partidos políticos. Prefirió participar en la vida política-cultural a través de instituciones como la Fundación Luigi Einaudi de Roma. Solo para luego volver a los estudios, a todos aquellos libros que guardaba en su casa y entre los cuales murió, cuando creyó que su tarea había terminado. Decir que lo echaré de menos es quedarse corto. Pero me reconforta el saber que en ello no estaré solo.

RAIMONDO CUBEDDU
Catedrático de Filosofía Política
Universidad de Pisa
Senior fellow del Instituto Bruno Leoni de Milán
Pisa, 23 de febrero de 2025

PREFACIO

Hasta ahora, en ocasiones he hablado como si las variaciones
(…) se debieran al azar. Esto naturalmente es una expresión
absolutamente incorrecta, pero sirve para reconocer, lisa y
llanamente, nuestra ignorancia acerca de las causas de cada
mutación concreta (Charles Darwin).

Cuando nos ocupamos de lo que hacen las ciencias sociales, parece casi siempre como si no tuvieran un objeto propio
y todo termina en una serie de debates un tanto vagos y, tal
vez inútiles, acerca de distintos temas relacionados con la vida
colectiva. Hay, sin embargo, un periodo de la historia al que
se le ha llamado «la era de la sociedad»[1]. Aquello constituyó
un punto de inflexión histórico en el que tuvo lugar lo que
algunos hoy no han dudado en llamar «el descubrimiento de
la sociedad». En aquellos tiempos no existían los comparti-
mentos que hoy se dan en las distintas ciencias. El lector sabía
que estudiosos como Bernard de Mandeville, David Hume,
Charles-Louis de Montesquieu o Adam Smith, se ocupaban
de discernir en todo lo relacionado con los fenómenos sociales. Eran conscientes de que los seres humanos viven todos
en una situación de ignorancia y falibilidad, y sabían bien que
cada acción emprendida tiene que tener en cuenta la escasez
de recursos y de tiempo.

---

[1] Véanse Schultz (1969), Mongardini (1970) y la bibliografía referida
en estas obras.

Fueron ellos los que asumieron la tarea de liberarnos de las creencias que han prevalecido a lo largo de la historia de la humanidad, y que vienen a afirmar que los acontecimientos sociales son consecuencia de la voluntad de alguien; una convicción que llega a atribuir todo lo que no puede ser adscrito a la acción humana a la intervención de otros entes.[2] Todos aquellos que sostienen que los fenómenos que observamos, y que no son el resultado inmediato de las acciones intencionadas de los seres humanos (y nunca podrían estar determinados por sus acciones) tienen que acabar transformando los fenómenos sociales, en el producto de la voluntad de toda una serie de fuerzas invisibles que participan, para bien o para mal, en los acontecimientos de nuestra vida cotidiana. Las consecuencias inintencionadas desaparecen, y existe un orden de cosas que han quedado establecidas de forma intencionada o, como escribe Max Weber de manera muy brillante, se vive dentro de una situación «saturada por el orden».[3]

Por lo tanto, «el descubrimiento de la sociedad» tuvo lugar cuando la gente cesó de ver, detrás de cada uno de los fenómenos sociales, la acción directa de los humanos o la voluntad de algún ser divino. Esto dejaba abierto un hueco que fue rellenado recurriendo a las relaciones intersubjetivas que poseen, como se ha subrayado, la capacidad de generar sin proponérselo y de forma peculiar e ineludible, cosas como el lenguaje, los hábitos, las costumbres, las normas y cierta autoridad pública.[4] Toda gira en torno a la necesidad de conseguir la cooperación de los demás, que lleva a cada uno de nosotros a tener que adaptar nuestras propias acciones a las de nuestros vecinos. Por tanto, los proyectos para los que no es posible conseguir la cooperación son eliminados y las con-

---

[2] Wolin (2006), pp. 273-276.

[3] Weber (1924), p. 32

[4] Aquí hago uso de las expresiones utilizadas por Ortega y Gasset ([1930] 1946-83 g., p. 117) atacando el contractualismo. Como explicó Simmel (1908, pp. 6-7), en el que se inspiró Ortega, es necesario explicar el fenómeno social «sobre las bases de la acción recíproca».

diciones a las que los que actúan se someten entre sí, o lo que es lo mismo, las normas y las instituciones sociales surgen sin clase alguna de planificación.

Esta fue la idea que nos permitió abandonar concepciones bien conocidas desde antiguo y que arrojan luz sobre los acontecimientos que tienen lugar en el campo de la vida en sociedad. Pero pasar de los motivos que impulsan a las personas a las consecuencias de sus acciones no fue una tarea fácil. Mandeville nos dejó muchas páginas cáusticas sobre la retórica de las buenas intenciones y antes de él Pierre Bayle también lo haría, si se quiere de una forma no tan provocativa, pero los escritos de ambos fueron considerados con recelo y desaprobación. Algo que tenía mucho más que ver con la hostilidad que con la incomprensión, con la que Francis Hutchenson trató a Bayle y todavía más a Mandeville a lo que uno puede también añadir la forma en la que trató a Hume.

Todo parece indicar que la negativa a basar el orden social en las intenciones (y su control por toda una serie de fuerzas invisibles situadas más allá de pruebas y refutaciones) se consideraba como algo que terminaría sumergiéndonos en una especie de caos irreversible que haría imposible que las acciones de los humanos fueran compatibles unas con otras. Esto ponía de manifiesto el fracaso a la hora de entender que la acción de cada uno tiene que ser enjuiciada por lo que determina dentro del contexto en el que se ejecuta. Los que actúan intercambian de manera intencional medios y esto ciertamente se hace para lograr lo que pretenden. Pero, sin embargo, actuando de esa forma, cada persona contribuye sin proponérselo al logro de los objetivos de los demás.

Como se ha llegado a sostener haría falta un «milagro de la lógica» para que este resultado llegara a producirse[5]. Pero este no es el caso. Si hacemos de la cooperación como tal una lectura que abarque todos sus aspectos, cualquier apariencia de semejanza con el milagro desaparece, vemos de inmediato

---

[5] Veáse Durkheim ((1983) 1964), p. 415.

que el yo persigue sus objetivos a través de los medios que obtiene del otro y ese otro los obtiene de aquel yo. El intercambio voluntario nos lleva a cooperar sin proponérnoslo en la consecución de los objetivos y aspiraciones de los demás. No hay necesidad de una jerarquía de fines preceptiva u obligada, y tampoco es necesaria una fuente de conocimiento inmune al error que legitime esa clase de jerarquía. Somos todos ignorantes y susceptibles de equivocarnos. El orden que esto ha establecido es de carácter inintencionado, y no puede ser atribuido a la voluntad de nadie en concreto.

Esto es lo que ha puesto en marcha todo un proceso social sin causa final que constituye una exploración continuada en el mundo de lo desconocido, que abarca las consecuencias no intencionadas de carácter positivo y pone de manifiesto las de carácter negativo, y los errores que se siguen de ellas. Esto es lo que hace posible eliminar aquellas pautas de comportamiento que no responden, o nunca responderán, a las expectativas de quienes actúan, y esto da lugar a una especie de selección cultural que, como veremos en la parte final del libro, debe mucho a la influencia de Herbert Spencer y Charles Darwin.

En otras palabras, situar las consecuencias de una acción en el lugar de las intenciones significa que la prescripción cede el paso a la elección.[6] La prescripción es el instrumento con el que uno consigue que una única jerarquía de fines sea obligatoria y dicte los contenidos de la vida de cada una de las personas. Es la elección lo que nos sitúa a cada uno en situación de ejercer nuestra propia capacidad de tomar decisiones. Estamos ante dos formas radicalmente diferentes de limitar las fronteras de nuestras acciones. El escenario normativo cambia. En el primer caso, lo que es «justo» se impone (y la persona carece de autonomía) en el segundo caso, lo que es injusto se impide (y el resto se deja a la elección del que actúa). Esta es una cuestión que Hume entendía a la perfec-

---

[6] Becker (1950) pp. 25-32; Germand (1975), pp. 25-32.

ción. Esto explica, incluso si su filosofía de la ley ha sido (y es) olvidada a menudo, su insistencia en la necesidad de sustituir el «gobierno de los hombres» (y/o divinidades) por el «gobierno de la ley»; una necesidad que no pasó desapercibida para Montesquieu y que era muy clara para Smith que quería, como bien sabemos, escribir un trabajo sobre la teoría del Derecho, un proyecto confirmado incluso en un momento en el que su vida estaba a punto de estallar.

Los autores en los que me he concentrado participan todos de la idea de que el objeto de las ciencias sociales debería ser el estudio de las consecuencias no intencionadas. Como sabemos Joseph A. Schumpeter llamó a este enfoque «individualismo metodológico».[7] El también precisó que entre «el análisis económico y la sicología no había relaciones en términos de objeto.[8] A pesar de esto el método individualista a menudo ha sido situado dentro del campo del utilitarismo, tal y como lo plantea Jeremy Bentham. Así las cosas, dos tradiciones de investigación que deberían mantenerse separadas una de la otra han sido mezcladas. En el evolucionismo cultural, la acción humana es el elemento que sirve para explicar el proceso social. En el utilitarismo, en sentido estricto, no hay acción, hay simplemente «cálculo de utilidad», llevado a cabo por una persona que tiene acceso a *datos relevantes* y, por tanto, evita la incertidumbre de la acción recíproca. Todo queda reducido a un ejercicio de lógica y esto puede generar la ilusión de que cada uno lo sabe todo. Pero la realidad es que los datos relevantes no están en posesión de nadie. Nadie actúa sabiendo, por adelantado, lo que los demás, situados en una posición de ignorancia y falibilidad, van a decidir hacer.[9] Nadie está en condiciones de eludir el problema de las consecuencias no intencionadas.

---

[7] Schumpeter (1908), p. 90.
[8] Ob.cit. p. 144. Véase también Weber ({1922} 1978, vol. I, pp. 19-22); Mises ({1933} 1981a, pp. 2 y 57)
[9] Hayek (1949), p. 77.

Solo una imperdonable falta de conocimiento pudo (y puede), por tanto, inducir a alguien a situar el «individualismo metodológico» al mismo nivel que el utilitarismo en sentido estricto. Dugald Stewart y Carl Menger, procedentes ambos de la tradición evolucionista, nos pueden ayudar en este caso. El primero absorbió en su totalidad la lección de la Ilustración Escocesa y recordaba la necesidad de «descomponer» el fenómeno social mediante la acción humana.[10] El segundo, autor de una de las páginas más importantes en el debate de la metodología de las ciencias sociales, nos habla precisamente del «método compositivo» con el que él hace referencia a las realidades sociales que son el producto de la coadaptación recíproca, y no planificada, de los planes individuales.[11]

No tengo nada más que añadir. Solo me gustaría decir que este es un libro que ha tardado mucho tiempo en ver la luz. A comienzos de la década de 1980, cuando todavía no era posible conseguir los libros que uno quería, o leer trabajos a los que uno no podía acceder de forma material, pasé muchos días en la Biblioteca Bodleiana de Oxford, reuniendo material que pensaba poder utilizar en su día para hacer un bosquejo rápido de este libro. Las cosas discurrieron, sin embargo, de forma muy distinta. Como nos sucede a menudo tuve que cambiar mis planes. No obstante, no abandoné el objetivo ni a los pensadores que ya antes de aquel periodo, constituían el núcleo de mi trabajo y han sido para mí, durante todos estos años, fuente permanente de enseñanzas. En concreto quiero decir que la tardanza con la que entrego este libro al lector de nuestro tiempo ha sido para mí un beneficio enorme, porque me ha permitido dejar que mis ideas iniciales se fueran asentando y adquirir otras nuevas.

---

[10] Stewart (1829) p. 10.

[11] La expresión «método compositivo» deriva de una anotación escrita a mano por Menger. (Véase Hayek 1979, p. 67, nota 4.

Además de a José Antonio de Aguirre y Raimundo Cubeddu, a los que se dedica este volumen, la primera versión del texto fue leída por Giovanni Boniolo, a los tres expreso mi gratitud más sincera. Otros muchos merecen ser mencionados. Pierpaolo Benigno, Enrico Colombatto, Emma Gelli, Giampaolo Garzarelli, Marcello Messori, Salvatore Nistico, Pietro Reichlin, a todos mi más sentido agradecimiento, así como a Simona Falloco y Nicola Iannello por su infatigable ayuda y consejo. Ninguno de los aquí mencionados es responsable, en modo alguno, de lo que se expone en las páginas siguientes.

Roma, Lluiss Guido Carli, enero 2022

I
EL PROBLEMA
DE LAS CONSECUENCIAS
NO INTENCIONADAS
DE LAS
ACCIONES HUMANAS

Por consiguiente, todo esfuerzo para explicar los aspectos más dañinos de la naturaleza (y la vida), y para salvar el honor de los dioses carece de utilidad, aunque tengamos que reconocer la realidad del mal y el desorden que invade el mundo (David Hume).

En un mundo que formara parte de un «orden ético y cósmico», en un mundo en el que los poderes de los humanos estuvieran encaminados a satisfacer las necesidades de unificación y armonía, la tragedia no sería posible (Max Scheler)

1.1. CONSECUENCIAS NO INTENCIONADAS, RELIGIÓN Y MAGIA

Desde los primeros días de su larga evolución, los seres humanos han tenido que contar con los fenómenos sociales que derivan de sus actos y que no cabe atribuir a su voluntad. La creencia en que detrás de cada suceso, social o natural, hay siempre la voluntad de alguien, les llevó a atribuir cada uno de los fenómenos no directamente a sus propias acciones sino a la intervención de toda una serie de espíritus y divinidades invisibles. Aristóteles recordaba que a los magistrados que supervisaban todos los sacrificios públicos se les llamaban «en un sitio arcontes, en otros reyes y un tercero pritanos.»[1] Y esto llevó a Fustel de Coulanges a argumentar que esas tres palabras (arconte, rey, pritano) fueron durante mucho tiempo consideradas, sinónimas, de manera que «aquellos personajes a los que se aplicaba cualquiera de ellas», -tal vez todas a la vez, -era el sacerdote de la ciudad.[2] A su vez, Herbert Spencer señaló que en aquellas sociedades «lo secular y lo sagrado se distinguían poco.»[3] Y James G. Frazer sostenía que «en la Italia y la Grecia antigua era habitual que el rey tuviera atribuidas también facultades sacerdotales.»[4]

Como Frazer destacaba «los reyes eran reverenciados, en muchos casos no simplemente como sacerdotes, que intercedían entre los humanos y dios, sino como si ellos mismos fueran dioses, con capacidad para otorgar a sus fieles y adoradores toda la serie de bendiciones y favores que se suponían no estaban a alcance de los humanos»[5]. Y no solo eso, el rey era muy a menudo también un «mago» al que se le pedía directamente que llevara a cabo distintos acontecimientos o sucesos. Esta es la razón por la que la magia y la religión estaban a menudo «unidas» y los rituales eran a la vez mágicos y religiosos.[6] Esto, sin embargo, no nos impide recordar el «conflicto radical básico» entre la religión y la magia.[7] Esta última es una fuerza que «reside exclusivamente en los humanos» y que se activa mediante el «arte mágico»[8] el mago tiene de su eficacia una elevada consideración y su actitud respecto a los poderes

---

[1] Aristóteles (B), 1322b
[2] Fustel y Coulanges ([1864] 1877), p. 232.
[3] Spencer ([1877-1896] 1906) vol. 2, p. 722.
[4] Frazer (1925), p. 9. Lo que Frazer argumentó es exactamente lo que había sido previamente argumentado por Fustel de Coulanges ([1864] 1877, p. 208): «los antiguos reyes de Grecia e Italia eran sacerdotes». Refiriéndose a Fustel de Coulanges, Ortega y Gasset ([1960] 1946-83e, p. 126) escribió que «el *rex* es el rector, el único que «gobierna y dirige los ritos religiosos».
[5] Frazer (1925), p. 10.
[6] *Op. cit.*, p. 52.
[7] Ibíd.
[8] Malinowski (1948), p. 57.

superiores es arrogante, mostrando ante ellos, sin rubor, que ejerce poderes iguales a los suyos.[9] Por lo tanto, actúa con total independencia y lo que sucede lo adscribe exclusivamente a su acción. La situación es completamente diferente en el campo de lo religioso, donde el sacerdote es solo un mediador, uno que intercede entre dios y los humanos.[10]

En este contexto, cabe identificar tres territorios distintos. El primero es el del profano, limitado porque el conocimiento y las habilidades técnicas de los humanos son limitadas, el segundo es el dominado por la magia y el tercero corresponde al ámbito de la religión. En cada uno de ellos los resultados se atribuyen a los humanos, a los magos y a una divinidad o a una pluralidad de divinidades.[11] Y no obstante, si consideramos que la magia y la religión son una escapatoria a situaciones y atolladeros que no ofrecen otra salida,[12] consideramos que el recurrir a ellas viene generado por la necesidad que sienten los humanos de encontrar ayuda para lograr algo que, por sí mismos, no pueden alcanzar. Con la vista puesta en las gentes de las islas Trobiand (Nueva Guinea), Branislaw Malinowski escribió: «Es muy significativo que pescando en la laguna, un lugar donde los humanos pueden aplicar todos

---

[9] Frazer (1925), p. 52.

[10] Ibíd. Puede mencionarse también que Malinowski (1948, p. 68) sostenía que la magia es una «práctica constituida por una serie de actos que están dirigidos a producir luego un fin definido». Entonces añadía que, en su lugar, la religión es «un corpus de actos religiosos que por sí mismos y de forma independiente se dirigen a la consecución del objetivo». Sin embargo, afirmar que los actos religiosos por sí mismos realizan su objetivo es una tesis endeble, que priva a la religión de su causa. No debe sorprendernos que Malinowski admitiera también que las creencias religiosas son un instrumento «en lucha contra las dificultades y la perspectiva de la muerte». ob.cit. p. 69.

[11] Recurriendo al término acuñado por Tylor (1903, vol. 3, p. 108) uno puede decir que la magia y la religión son, por tanto, utilizadas para atribuir sucesos que no derivan de la acción humana o causas que, en cualquier caso, se «personifican». Estamos en el campo de sicomorfismos o antropomorfismo. Véase también Tarde (1895), p. 266.

[12] Malinowski (1948), p. 67.

sus conocimientos y habilidades la magia no existe, sin embargo cuando pescan en un mar abierto cargado de peligros e incertidumbres aplican una serie amplísima de rituales mágicos para garantizar su seguridad y los buenos resultados.»[13] Y añadía «la fe religiosa establece, fija y promueve una serie de aptitudes mentales valiosas como el culto a la tradición, la armonía con el ambiente, la valentía y la confianza».[14]

Esto quiere decir que la intervención de la magia y los poderes divinos se invocan para impedir el sufrimiento asociado a las consecuencias no intencionadas de carácter negativo y permitir solo las que resultan beneficiosas.[15] Cualesquiera que sean los resultados en último término logrados, lo que desde el punto de vista estrictamente profano sucede es que un resultado no intencionado acaba convirtiéndose en intencionado y atribuido a la voluntad del mago o el dios. En otras palabras, lo que está situado más allá del control de los profanos cae bajo el control de la magia o la religión.

1.2. LAS CONSECUENCIAS NO INTENCIONADAS Y EL POLITEÍSMO

La idea de atribuir todo lo que no puede ser considerado como producto intencionado de la acción humana a la intervención de fuerzas misteriosas nos impide entender la razón que subyace en el proceso que conduce al crecimiento de nuestro conocimiento. Como escribió Karl Popper, los problemas filosóficos (y científicos) «se basan siempre en problemas urgentes que se encuentran fuera del campo de

---

[13] *Op. cit.*, p. 14.

[14] *Op. cit.*, p. 69.

[15] Precisamente por esta razón lo sagrado es, al mismo tiempo, *mysterium tremendum y mysterium fascinans* (véase Otto 1926, pp. 13-54). Ortega y Gasset ([1958] 1946 —83f, p. 212) escribió «los dioses siempre tienen dos caras, son irascibles y benignos, hostiles y benévolos, temibles y atractivos».

la filosofía y mueren si sus raíces decaen».[16] Esto sugiere que con independencia de si se generan mediante relaciones con la naturaleza o con nuestros contemporáneos, las consecuencias no intencionadas son exactamente lo que Popper dijo, problemas que tienen sus raíces en la vida de los humanos.[17] Y sin embargo, puesto que esto sitúa su origen en un territorio que se encuentra más allá de lo que cabe probar y refutar, transformándolo en producto intencional de fuerzas cósmicas, esto impide investigar las condiciones que los han hecho posibles.

Limitando nuestra atención exclusivamente a la esfera de lo social, esta transformación nos lleva a creer que las normas y las instituciones son creación directa de la voluntad divina, que se manifiesta a sí misma por medio de su propia representación, un intermediario entre Dios y los humanos. Nace así el mito del Gran Legislador a quien se encomienda la tarea de establecer los contenidos de la vida de cada persona y la forma en la que esos contenidos tienen que llevarse a cabo. El orden social, es decir, la compatibilidad de las acciones se impone por aquel o aquellos que ostentan el monopolio de la comunicación con las fuerzas cósmicas y como una consecuencia el monopolio de las autoridades.

La aceptación completa de esta concepción discurre en paralelo al control permanente de las intenciones de los que actúan. Toda una serie de fuerzas poderosas y divinidades acaba penetrando en los rincones más ocultos del alma de los humanos. Y mientras, de una parte esto proporciona a los gobernantes un instrumento mediante el cual se atribuyen la capacidad de supervisar, incluso las razones más íntimas que impulsan las vidas de las personas, y de otra parte injertan en ellos la terrorífica idea de que ni siquiera sus pensamientos más íntimos pueden eludir ese escrutinio de un juez inape-

---

[16] Popper (1991), p. 72.
[17] *Op. cit.*, pp. 342-343.

lable. Es una situación en la que parece imposible evitar la sumisión prescrita.

Pero el control de las intenciones no elimina las consecuencias inintencionadas y toda la vida permanece siempre expuesta a lo impredecible y no planeado. Por tanto, para transformar lo que sucede de forma inesperada, en un producto intencional, se precisa imaginar una nueva intervención de fuerzas y poderes invisibles o en conflicto entre ellas, a lo que se puede atribuir lo que ha sucedido de forma inesperada. Las acciones de las divinidades son cambiantes y además las divinidades combaten entre sí. Por lo tanto, cuando un acontecimiento impredecible tiene carácter negativo se atribuye a la acción de fuerzas hostiles, y cuando tiene carácter positivo se atribuye a fuerzas benevolentes. Esta es la razón por la que David Hume, refiriéndose al politeísmo de los griegos, escribió: «la dirección de los sucesos o lo que nosotros llamamos la providencia particular, es tan variada e incierta que si la suponemos ordenada inmediatamente por algún ser o seres inteligentes, tenemos que reconocer en su mismo poder, alguna clase de contrariedad en los diseños y en las intenciones, desde la impotencia o la veleidad».[18] Discutiendo el mismo tema Max Weber, a su vez, recordaba que los griegos sacrificaban a «Afrodita y a Hera lo mismo que a Dionisio y Apolo», imaginaban que aquellas deidades «a menudo estaban en conflicto unas contras otras»[19] y atribuían el resultado de las acciones a la prevalencia de la voluntad de los dioses que dirigían las distintas esferas del mundo o, en último término, a la acción misteriosa de Moiras.[20]

Los términos en los que Hume y Weber plantean el tema conducen a la tragedia griega.[21] Y esto viene a demostrarnos

---

[18] Hume ([1757] 1889), p. 8.
[19] Weber ([1919] 1970a), p. 123.
[20] Weber ([1919] 1970b), p. 147.
[21] No obstante, vale la pena recordar que Jaeger escribió (1965, vol. I, p. 241). «La épica y la tragedia son dos cadenas de montañas, conectadas con una línea continua de colinas».

que incluso el comportamiento más consecuente puede generar algo que no sea «ni bello, ni santo, ni bueno».[22] Lo bueno no solo deriva de lo que en sí mismo es bueno, y lo que en sí mismo es malo, no siempre es la causa del mal. Muy a menudo lo contrario es cierto.[23] Junto a, y en lugar de lo que pretendemos perseguir, nuestras acciones producen permanentemente consecuencias no intencionadas. La vida está sujeta a las vicisitudes más variadas. Es de gran importancia el que Aristóteles, para explicar el concepto de «peripecia», hiciera referencia al *Edipo Rey* de Sófocles. «Peripecia es un cambio mediante el cual, en el desarrollo de una acción las cosas cambian de forma repentina y contraria a lo esperado (...). Por lo tanto (...) el mensajero que va a consolar a Edipo y liberarle de sus temores sobre su madre, revelándole quién es, produce el efecto opuesto al pretendido.[24]

La tragedia griega está por lo tanto centrada en las consecuencias no intencionadas de las acciones de los humanos y por medio de ello, pone de manifiesto, en forma de paradigma, las vicisitudes a las que cada ser humano está sujeto. Nuestra condición es completamente insignificante. Aunque actuemos de forma deliberada, las consecuencias generadas por nuestras acciones no siempre se corresponden con lo que esperamos de ellas y a menudo frustran completamente nuestras expectativas. En la tragedia griega esto sucede porque nuestra voluntad choca con la de los dioses, una imagen que nos muestra una humanidad donde los dioses son invisibles para nosotros y nos dominan. Las consecuencias no intencionadas de las acciones de los humanos serían los resultados

---

[22] Weber ([1919]1970b), pp. 147-148.
[23] Weber ([1919] 1990a), p. 123, Guizot ([1828]1885 p. 145) había escrito previamente: «En todo, una profundidad de tal naturaleza, una mezcla invencible de bondad y maldad que por donde penetremos y cuando descendemos a los elementos últimos de la sociedad o del alma, se encuentra uno que dentro siempre hay dos órdenes de cosas que coexisten».
[24] Aristóteles (c) 1452a. Véase con más amplitud Romilly (1970), pp. 42-43.

intencionados de toda una serie de divinidades. Y esta es la razón por la que la tragedia de los griegos fue desde el principio «un ministerio sagrado, formaba parte del culto estatal y permaneció mientras vivió por sí misma.»[25]

Como escribió Max Pohlenz, incluida en la fe religiosa (de los atenienses) se encontraba la creencia en la existencia de un mundo espiritual y moral ordenado e instituido por el gran padre Zeus.[26] Esto, sin embargo, no nos impide ver que cualquiera que fuese el orden establecido en último término, no es el resultado predecible de una norma conocida, capaz de garantizar un trato igual para todos y en todos los casos. Hay resultados que proceden de decisiones provisionales, de segundas intenciones e incluso de caprichos de los propios dioses.[27] Paradojas éticas surgen una y otra vez.[28] Y la tragedia incorpora «crímenes de inocentes», una situación en la que los seres humanos actúan pero no son «dueños» de su «destino»,[29] llegan a convertirse en criminales ejecutando una acción que no lo es.[30] Así pues, se podría decir que «los personajes (...) no son humanos sino fuerzas sobrenaturales».[31] La fe tiene que ser tan fuerte que uno puede salvar los indescifrables del principio, sobre la base de que es la divinidad la que actúa,[32] y tan fuerte que pueda sostener el desgarro ocasionado por la injusticia perpetrada por la voluntad de los dioses, cualesquiera que sean las aspiraciones de la justicia humana.

---

[25] Pohlenz (1954), p. 32.

[26] *Op. cit.*, p. 144.

[27] Los dioses pueden ser antojadizos porque sus vidas están protegidas de lo irreparable del tiempo y de las elecciones.

[28] La expresión «paradojas éticas» es de Weber ([1919] 1979), p. 125.

[29] Romilly (1930), p. 101.

[30] Sheller (1923), p. 269.

[31] Jaeger (1965), vol. I, p. 255.

[32] *Op. cit.*, p. 144 a 256. El mismo Jaeger (*op .cit.*, p. 283) escribió que el misterio de la Esfinge, lo mismo que el de lo divino no puede ser resuelto por una «mente que muere».

Las tragedias de Eurípides, sin embargo, proporcionaban una advertencia sobre algo que estaba sucediendo. Como escribió Friedritz Nietzsche:

> el espectador ahora virtualmente ve y escucha a su doble en el escenario Europideo, y se regocija de que pueda hablar tan bien. Pero este gozo no era todo, incluso se aprendía de Eurípides cómo hablar: él se jacta de ello en su respuesta a Aescilo: como la gente ha aprendido a observar, a debatir, a sacar conclusiones conforme a las reglas de arte y las sofisticaciones de los más inteligentes (...). La mediocridad cívica sobre la que Eurípides construyó todas sus esperanzas políticas sufría ahora al hablar, aunque en otro tiempo el semidios en la tragedia, y el sátiro borracho o semihumano en la comedia, hubiera sido el que condicionara o determinase la naturaleza del lenguaje.[33]

Nietzsche también sostuvo que la «tragedia murió de suicidio».[34] Pero esto no fue lo que realmente sucedió. La fe en los dioses del Olimpo no hubiera podido mantenerse en el proceso de exploración del mundo. Como escribió Ortega y Gasset.

Fue una experiencia sobremanera desazonadora aquella a la que fue sometido, por esas fechas, un pueblo como el de Atenas que era profundamente reaccionario, adscrito intensamente a las creencias tradicionales. Su retraso «intelectual», que coincidió con su triunfo político sobre Grecia y con el crecimiento súbito y fabuloso de su riqueza, dio lugar a que todo lo que en el resto de la Hélade había fermentado en siglo y medio, cayera todo, de una vez, sobre las plazas y pórticos de Atenas.

---

[33] Nietzsche ([1872] 1909), p. 88. Véase otra muestra del pensamiento de Nietzsche incluso más clara: «Odisea, la Helena del Arte Antiguo, cantó, en la mano de los nuevos poetas, a la figura de Gráculo, que como esclavo doméstico ladino iba a centrar, de aquí en adelante, el interés del drama.»

[34] *Op. cit.*, p. 86.

La nueva ciencia Jónica, Pitagórica, Eleática, entran en la escena y ofrecen el espectáculo de sacar de sus cajas los modelos de los cuerpos geométricos, las esferas armilares, que explican los eclipses por hechos simplisimos y exentos de todo misterio (...). Se oye la tremenda blasfemia de que los astros no son dioses sino bolas de metal ardiente.[35] Protágoras sostiene que «el hombre es la medida de todas las cosas» y que para los dioses, nadie está en posición de averiguar si existen o no existen, porque lo impide la -»oscuridad del tema y la brevedad de la vida humana».[36]

Esta forma de pensar constituía un giro completo en el *logos* mítico que dio vida a los dioses.[37] El universo extasiado y comprimido de la antigua tragedia se derrumba. Se abrió una grieta que separó «cultura y religión».[38] Esto significa que, al contrario de lo que sugiere Nietzsche, la tragedia no se suicidó, las condiciones que lo hacían posible o mejor dicho, lo que hacía posible la tragedia, desapareció.

Había en Atenas e incluso más en el Pireo, «una extraña mezcla de lenguaje y dialecto, de vestimentas y formas de vida».[39] Los viajes y el comercio habían destrozado los viejos

---

[35] Ortega y Gasset ([1960] 1946.83 a), pp. 424-425.

[36] Protágoras (A) I.

[37] Ortega y Gasset ([1960] 1946 . 83a), p. 421.

[38] Jaeger (1965), vol. I, p. 301. No fue casualidad que Pohlenz (1954, p. 155) escribiera: «la crítica moral dirigida contra los dioses y los mitos que apareció en una época en la que la ética todavía utilizada respecto a los seres sobrenaturales cada vez fue más efectiva.» Por su parte Ebrenberg (1951, p. 267) declaraba: «La religión ha perdido mucho de su poder, al menos para muchas personas; y los no creyentes acostumbran a considerar a los ingenuos creyentes con cierta dosis de buen humos y bromas.

[39] Ehrenberg (1951), p. 152. Ehrenberg se basaba en lo que fue sostenido por el seudo-Jenofonte (A II 7-8) considerado ser Critias, el futuro líder de los Tres Tiranos «puesto que gobernaban en el mar habían descubierto diferentes ferias de alimentos donde se juntaban con gentes de distintos lugares. Sea lo que fuere, se trata de disfrutar en Sicilia, Italia, Chipre, Egipto, Libia, el Ponto, el Peloponeso o cualquier otro lugar donde se reunían bajo la ley del mar. De nuevo escuchaban toda clase de dialectos y tomaban de unos y de otros siempre algo. Los griegos en general tendían a mantener

mitos y los habían sustituido por la discusión crítica. El mercado era la institución económica principal. «Todo lo escaso era más caro y viceversa; en caso de urgente necesidad uno tenía que vender más barato. Gobernaban las leyes del mercado.[40] Los atenienses «nunca aspiraron a la autosuficiencia, sus vidas, ya fuera en paz o en guerra, nunca estuvieron guiadas por la idea de proteger la producción de la Atica contra la importaciones que venían del exterior.»[41] Esto tenía consecuencias políticas. Los habitantes del Pireo eran los ciudadanos más democráticos.[42] Y allí se produjo la transición que desde «el sometimiento de la persona al Estado» lleva a la «libertad y autonomía individual.»[43] Esta es la razón por la que son tantos los que han argumentado que fue en Atenas donde apareció, por vez primera «la libertad de los modernos», a saber: «la libertad personal de elegir».

1.3. EL GOBIERNO DE LOS HUMANOS (Y EL DE LOS DIOSES). Y EL GOBIERNO DE LAS LEYES

Si no olvidáramos nunca todo esto, comprenderíamos la razón que explica por qué la Edad de Pericles fue un tiempo que contempló «el movimiento más grande en los anales pro-

---

su propio dialecto, forma de vida y de vestir, mientras que los atenienses se mezclaban con griegos y bárbaros. Véase también lo que Pericles afirmaba en su famosa *Oración Fúnebre* pronunciada el año siguiente a la guerra del Peloponeso.

[40] Ehrenberg (1951), p. 225. Ver también Polany (1977), pp. 165-173.
[41] Ehrenberg (1951), p. 141.
[42] Aristóteles (B), 1303 b.
[43] Pohlenz (1954), p. 154. En otro trabajo suyo, Pohlenz (1947, p. 116) escribió: allí apareció el «principio fundamental del moderno liberalismo» según el cual cada ciudadano de un estado, tiene que mantener su propia libertad para actuar y pensar de manera independiente y dispuesto a expresar sus propias opiniones, al tiempo que el Estado debería entrometerse lo menos posible en la vida privada de las personas. Ver también Glotz (1929), p. 42.

fanos de la especie humana» y de lo que se trató entonces fue precisamente de la historia profana de los humanos. Las fantasías mitológicas hacían posible transformar las consecuencias no intencionadas, buenas o malas, en acciones intencionales de unas deidades invisibles. Por lo tanto, el resultado final se considera como un orden determinado a propósito (*taxis*). Detrás de los sucesos había siempre una voluntad consciente, si algo escapaba al Gran Legislador, al intercesor entre Dios y los humanos, la providencia divina, estaría detrás. Y, no obstante, si uno renuncia a las viejas creencias religiosas, ¿cómo es posible explicar lo que socialmente no es producto de la voluntad de los humanos?

Ortega y Gasset escribió que «todos los griegos (...) eran ciegos a la realidad que hoy llamamos *sociedad*.»[44] Pero los atenienses conocían bien cual era la función de la ley.[45] Como Jaeger puntualizó «en la era heroica de la democracia ateniense la «isonomía» era el supremo ideal, un orden social basado en la igualdad ante la ley. Era la *polis* la que representa este principio y protegía la libertad de las personas frente a los poderosos.[46] El fundamento de esto era la ley «no un mero decreto sino el *nomos*».[47] Incluso «en el periodo de disolución gradual de la antigua fe griega en la ley,» la «estricta

---

[44] Ortega y Gasset ([1948] 1946 83 d), p. 13 Ortega y Gasset (ibíd) añadía que «Aristóteles con su sorprendente sensibilidad hacia los hechos ha percibido de forma muy considerada que el estado y la sociedad no son la misma cosa». Véase Aristóteles (B) 1252-1253a.

[45] Lo mismo que la discusión crítica, la ley fue también fue importada de Jonia. En relación con esto Jaeger, escribió «A lo largo de toda su vida y obra resulta claro que Solon estuvo profundamente influido por la civilización jónica. En consecuencia, sin duda estas nuevas ideas políticas también tuvieron su origen en Jonia, el centro crítico e intelectual de Grecia» (Jaeger 1965, Vol. I p. 99; ver también p. 442, nota 20). Sobre el origen griego muchas instituciones legales romanas, ver Jhering ([1872] 1965, p. 440).

[46] Jaeger (1947), pp. 360-361. Ver también Huizinge (1945), p. 95.

[47] Jaeger (1947), p. 361.

relación del *nomos* con la naturaleza del *cosmos* no fue nunca cuestionada».[48]

En esta situación, el orden social, la compatibilidad de las acciones no es algo que esté deliberadamente decidido e impuesto por quienes gobiernan y/o las deidades.[49] Es el resultado de un proceso de «composición» que la ley hace posible, cuya tarea consiste en señalar las esferas de autonomía de las personas e impedir que hagan daño entre sí.

Puesto que la sociedad de personas está poblada de concepciones filosóficas y religiosas dispares, el mundo abierto es un lugar de elección y esto elimina la posibilidad de que el contenido de nuestras acciones sea determinado de forma prescriptiva.[50] El orden social está establecido de forma

---

[48]   *Op. cit.*, p. 365.

[49]   No es una coincidencia que Biscardi (1982, pp. 335-336) afirmase que «esta nueva justicia presupone que la, al menos tendencialmente democrática, *autonomía* de la ciudad, a saber la transición de una sociedad aristocrática a una comunidad de iguales, en la que los ciudadanos obedecen las leyes (...) puesto que ellos las establecen, aunque sea solo en el sentido de que aceptan libremente el orden establecido del que se consideran parte integral y activa. Mientras que en la sociedad aristocrática reinaba el principio de *heteronomo* y por tanto los que legislan no forman parte de la comunidad, son externos a ella, ahora *nomos* constituye una fuerza que viene de dentro». La sociedad es «vínculo interno» no es el producto de la intervención externa (véase Simmel [1900] 1978, p. 175). Esto demuestra hasta qué punto la tesis sustentada por Malinowski (1926, p. 66) con arreglo a lo cual «las leyes de la comunidad Melanesiana se corresponden con nuestras leyes civiles, no tiene fundamento. Él no se detuvo ante el hecho de que en aquella población la ley no constituía «un dispositivo social autónomo e independiente» (*op .cit.*, p. 59) ni tampoco consideró que en el mismo contexto, la idea de lo general y lo «abstracto» en la norma era inconcebible (*op. cit.*, p. 42). Malinowski hacía que todo girarse en torno al concepto de «reciprocidad». Pero todas las normas sociales tienen la función de llevar a cabo la co-adaptación de las acciones. Por lo tanto, la «reciprocidad» no es solo una característica de las normas legales. La clave del asunto es que, cuando una norma es «general» y «abstracta», la ley no puede existir en un mundo mágico-sagrado, dominado en todo por prescripciones arbitrarias que impiden institucionalizar la elección individual.

[50]   Jaeger (1965 vo. I, p. 104) especificaba que «toda pequeña disputa sobre lo *mío* y lo *tuyo* exige un patrón mediante el cual las reclamaciones de

inintencionada porque es el resultado de la concurrencia de acciones que cada uno decide de forma personal y dirigida a otros propósitos (obviamente nosotros no sabemos de forma anticipada su concreta configuración).[51] En otras palabras, la autonomía de las personas genera resultados intencionados y no intencionados (desde una perspectiva personal los no intencionados pueden tener naturaleza positiva o negativa). Pero el orden completo tiene carácter no intencional (cosmos). No es atribuible a nadie en concreto. Es fruto de la «composición» de un número infinito de relaciones sociales, de las cuales el orden abstracto de la ley es la condición indispensable.[52]Apertura al mundo, elección y orden no intencionado, caminan juntos.

Son varias las posiciones que han emergido respecto a esto. Protágoras era un defensor de la sociedad abierta y un amigo de Pericles, y él vio, en lo que hoy llamamos la cooperación social voluntaria, el único de los medios mediante el cual los seres humanos pueden encontrar remedio a sus carencias. Sócrates era crítico con las instituciones democráticas de Atenas. «Pero no es necesario para una persona que critica la democracia y las instituciones democráticas convertirse en su enemigo, aunque los demócratas que el crítica y los totalitarios que esperan beneficiarse de cualquier desunión en el campo democrático, es probable que lo estigmaticen».[53] De hecho, como escribió Popper, Sócrates hizo una gran contribución a

---

las partes puedan ser medidas. Este es el mismo problema, en el campo del derecho, al que se presentaba en la esfera de la economía en aquellos años, cuando se introdujeron patrones fijos para pesar y medir con el objeto de intercambiar bienes. Lo que se necesitaba era una norma que midieran los derechos legales y la norma fue a encontrarse en el concepto de igualdad. Véase también Palmer (1950, pp. 149-168); Biscardi (1982, p. 354); Paoli (1933, pp. 177-186; 1976, pp. 31-78).

[51] Como más extensión, véase Infantino (2020a), pp. 123-128 y la bibliografía allí contenida.

[52] Weber ([1922] 1978, vol. 2, p. 657), Hayek (1982) vol. I, pp. 35-54.

[53] Popper (1966), vol. I, p. 189.

la fe en una sociedad abierta[54] y precisamente a causa de esa fe, perdió la vida.[55] La ausencia de conocimiento socrático es el fundamento de la teoría igualitaria de la razón humana.[56] Esto, por lo tanto, excluye que pueda haber una fuente de conocimiento o una visión del mundo inmune al error. Así pues, esto elimina toda posible legitimación a la pretensión de imponer una jerarquía de fines de forma obligatoria, impide el concepto de una justicia formulada en términos positivos y solo hace posible identificar lo que no es «justo».

Pero al mismo tiempo había también algunas otras cuestiones. Eduard Meyer nos recordaba que las «teorías políticas germinan como las setas». Incluso aunque nos traigan nuevas propuestas excepcionales, todas buscan su ideal del pasado, de la antigua constitución aristocrática, del gobierno de Creta y Esparta, incluso de la monarquía y, decididamente y con desprecio, se alejan de la democracia de Atenas.[57] Meyer añade: «Esta teoría reaccionaria formuló y adoptó el principio de que el ciudadano con plenos derechos, tiene que ser materialmente independiente, que el trabajo manual es un descrédito, que las transacciones monetarias y las hipotecas con interés deberían prohibirse».[58] En resumen, el común denominador de estos escritos era el deseo de acabar con la «sociedad abierta» y restablecer de alguna forma el orden perdido.

---

[54] Ibíd.

[55] Vale la pena destacar que si Sócrates fue enviado a la muerte por la democracia restaurada, bajo el gobierno de los Tres Tiranos, hubiera sido emplazado por Critias y Caricles que le habrían ordenado dejar de enseñar (Jenofonte [A] p. 2, 31-38).

[56] Popper (1966), vol. I, p. 189.

[57] Meyer (1895), p. 33. Véase también Popper (1966), vol. I, pp. 187-188.

[58] Meyer (1895), p. 33.

1.4. PLATÓN Y EL NUEVO ORDEN PLANIFICADO

Entre las teorías reaccionarias a las que Meyer se refería podemos incluir con un criterio que permite cierta amplitud a Platón. El fundador de la Academia se situaba en una posición opuesta a la de Protágoras. Mientras este sostenía que «la persona humana era la medida de todas las cosas,» Platón sostenía exactamente lo contrario, «Dios es la medida de todas las cosas.»[59] Sin embargo, proponía sustituir las antiguas creencias religiosas por otras. Esto es algo que dejaba bien claro George Grote en lo que sigue:

> Platón no pretende colocar verdad en el lugar que ocupaba la ficción, sino proporcionar una clase de ficción mejor y situarla en el lugar que ocupaba otra que consideraba peor. La religión de la Commonwealth, en su opinión, nos procura una serie de ficciones y sanciones que ayudan a mantener las ideas políticas y la moral de los que otorgan las leyes, cuyo deber es emplear la religión con el mismo propósito.[60]

A diferencia de Critias, Platón consideraba las creencias religiosas como un «invento majestuoso» que ayuda a mantener a los gobernados bajo control.[61]

El intercesor ante Dios ahora se convertiría en el filósofo. Platón decía que «la raza humana siempre será imperfecta

---

[59] Platón (c) 9 716c.

[60] Grote (1867), vol. 3, p. 187.

[61] Sobre el uso de Platón y sus seguidores de la religión como un instrumento de control social véase Aristóteles (A) 1074b, 1-5. La expresión «falsedad majestuosa» es de Popper (1966, vol. I, p. 142). Pero el propio Platón (B, 389b) estableció: «si como estamos diciendo una invención no es útil para los dioses y solo lo es como una medicina para los humanos, entonces esa medicina debería ser utilizada solo por los médicos y el resto de las personas deberían quedar al margen (*op. cit.*, 414b), el habló luego de la «invención majestuosa» o como se le denomina en otras ocasiones «invención real». Sobre la continuidad, en temas religiosos entre las ideas de Critias y las de Platón, véase Popper (1966, vol. I, pp. 141-142); Jaeger (1965, col. I, p. 330), Bultrighini (1999, pp. 242-248).

hasta que aquellos que filosofan correcta y verdaderamente se hagan con el poder político o los poderosos, por concesión de los dioses, lleguen realmente a filosofar».[62] Tenemos que dejarnos tutelar por los mejores y más perfectos filósofos.[63] Así pues, el filósofo es el portador de la palabra de Dios y de una inteligencia a la que todo debe quedar sometido.

Pero Platón iba más lejos. Centrémonos primero en su ideal de sociedad. Platón alimentó la ilusión de poder situar a los humanos «dentro de un universo en el que vivirían para siempre en armonía y orden perfecto.»[64] Esto quiere decir que no debemos cometer el error en el que se incurre con frecuencia de considerarle un pensador simplemente autoritario, que favorece la autocracia de los sabios.[65] Platón otorgaba un «nuevo espíritu» a los materiales que proporcionaba la realidad de Esparta.[66] Su objetivo era una sociedad en la que la voluntad y los deseos de cada ciudadano no son incompatibles con la voluntad y los deseos de los demás. Y si este objetivo fuera alcanzable, estaríamos liberados de todas las escaseces (no solo las de los bienes materiales) y con ello, todas las clases de conflictos desaparecerían, una situación en la que no hay espacio para que se produzcan consecuencias y resultados inesperados o no intencionados. La tragedia quedaría descartada y no solo en la forma que adoptaba en Grecia, sino en términos generales. Como escribió con perspicacia Max Scheler: «en un mundo que fuera parte de un «orden cósmico y ético», en un mundo en el que las energías de los humanos están directamente encaminadas a satisfacer las necesidades de unificación y armonía, la tragedia sería imposible.[67] Una breve consideración de Jacob Burkhardt puede servirnos de

---

[62] Platón (D) 326a-b.
[63] Platón (B) 503b, ver también 501e.
[64] Jaeger (1961), p. 66.
[65] Friedrich (1968), p. 59.
[66] Ollier (1933), p. 236.
[67] Scheler (1923), p. 250. Es como decir que la tragedia del Paraíso no sería posible (Ortega y Gasset [1958] 1946 —83f, p. 268) Scheler (*op .cit.*,

ayuda. «El que Platón haya considerado que su ideal del estado o la sociedad pudiera, en verdad, ser llevado a la práctica es ya cosa asombrosa; pero a mi modo de ver él fabrica (...) una religión apropiada que hace creíble su realización.[68] En verdad, es difícil sostener que Platón ha creído que cabe alcanzar la «perfecta armonía». Pero la religión que propuso, tal y como sostiene Burckhardt, proporciona confianza en la posibilidad de alcanzar ese objetivo, porque él no otorga al creyente un simple conocimiento inmune al error, él le otorga un conocimiento que salva; es decir, erradica el mal y lleva a cabo el definitivo Reino de Dios. Por lo tanto, el filósofo no es solo el intermediario entre Dios y los humanos. Es el que redime a la Humanidad».[69]

Toda clase de culto privado tiene que ser abolido: «Nadie puede tener en sus casas altares dedicados a los dioses y si se demuestra que alguien los tiene y ofrece culto en altares distintos a los altares públicos (...) quien así lo advierta informará a los guardianes de la Ley (...) y se les impondrán los castigos debidos a su impiedad».[70]

> La siguiente ley deberá ser promulgada para todos los casos, sin excepción alguna. Nadie poseerá altar en su propia casa y cualquiera que se vea inducido espiritualmente a ofrecer un sacrificio acudirá a los lugares públicos destinados a ofrecerlos y entregará a los sacerdotes y sacerdotisas encargados de la consagración de su ofrenda.[71]

Pero hay almas que habitan nuestra tierra «que son «almas bestiales».[72] El filósofo «tomará la ciudad y a todos los que

---

pp. 83-84) añadieron que evidentemente un «mundo satánico suprimiría la tragedia ni más ni menos que un mundo divino».

[68] Burckhardt (1900), vol. 2, p. 122.
[69] Hoffman (1969), p. 108.
[70] Platón (C) 910c. Ver también 907-e y 908a.
[71] *Op. cit.*, 909d.
[72] *Op. cit.* 906b.

la habitan, como si fuera una tabla y la limpiara».[73] En otras palabras, es necesario hacer una purga.[74]

> El mejor método de todos, como la medicina más potente, es doloroso; es el que lleva a cabo corrección por medio de la combinación de justicia y una violencia que, en último extremo, puede llegar hasta la muerte y el exilio, y, de esta forma, permite eliminar de la sociedad a sus miembros más peligrosos; los mayores e incurables delincuentes.[75]

Los gobernantes son similares a los dioses solo sin se comportan como «los jefes de los ejércitos o como los médicos que defienden el cuerpo de los asaltos de la enfermedad».[76] Las consecuencias no intencionadas no desaparecen. No se transforman en resultados intencionados, debido a la voluntad, de una pluralidad de dioses. Ahora se convierten en resultados intencionados debidos a la confrontación que se produce entre las fuerzas terrenales. Aquellos que detentan el poder público representan a las fuerzas del bien y aquellos que no se atienen a lo que prescriben los gobernantes o quienes se convierten en víctimas propiciatorias y se les acusa del fracaso inevitable de la «armonía perfecta», integran las fuerzas del mal. Esto significa que «en ese tipo de ciudad unos son pobres y otros ricos, los dos viven en el mismo lugar conspirando siempre unos contra otros»[77] porque cuando la riqueza y la virtud se colocan en los platillos de la balanza, unos siempre suben y los otros bajan.»[78]

Nos enfrentamos así a una imputación causal incorrecta, dirigida a producir efectos extremadamente precisos.[79] Soste-

---

[73] Platón (B) 501a.
[74] Platón (C) 735c.
[75] *Op. cit.*, 735c.
[76] *Op. cit.*, 905c.
[77] Platón (B) 551d.
[78] *Op. cit.*, 550e.
[79] Platón atribuía la guerra social a la propiedad privada que el pedía suprimir: en los distintos programas totalitarios, la abolición de la propie-

ner que la responsabilidad de todo el mal se debe a la acción consciente de los malvados y que es posible, eliminando a esa clase de personas, liberar a los humanos de todos sus «abominables problemas» es como mínimo una declaración de guerra.[80] Por lo tanto, la estructura dualística de la sociedad no es la que determina el conflicto, es más bien el conflicto, la declaración de guerra al mal, lo que determina la estructura dualística.

El asunto es que todos los proyectos encaminados a conseguir el Reino de lo Bueno prometen una «solución final». Y, sin embargo, puesto que el objetivo es inalcanzable, necesitan imponer la movilización continua y la ejecución del exterminio de todos los supuestos enemigos y saboteadores. Habiendo identificado correctamente las semillas del totalitarismo, en el deseo de lograr la completa supresión del mal, Popper no dudaba en calificar esta forma de pensar del fundador de la Academia, como totalitaria y reconocerlo como el auténtico progenitor de todos los que integran la familia totalitaria.[81] El hecho de que el diseño platónico haga uso del «invento majestuoso» de la religión y que los regímenes totalitarios del siglo veinte recurrieran a una filosofía de la historia no va en detrimento de lo que venimos afirmando: el conocimiento es

---

dad privada puede ser sustituida por su estricto control político (véase el nazismo) Es la reversión de la realidad. La propiedad privada no surgió para crear el conflicto sino para regularla, delimitando lo que pertenece a cada uno de los que actúan en la sociedad. Tenemos que dejar claro que describir la vida social como un juego de suma cero en el que lo que uno gana lo pierde otro o lo que es lo mismo, una relación en la que la cooperación solo beneficia a una de las partes tiene como consecuencia lógica la de legitimar la guerra de todos contra todos. Véase Infantino (2020a, pp. 23-24) la bibliografía allí indicada.

[80] «Problemas abominables» es una expresión de Lunaciarsky (1973), p. 205.

[81] Para una extensa discusión de este tema ver Infantino (2020a, pp. 73-78). A diferencia de lo que escribe Friedrich (1968, p. 59) él juzga a Platón como un pensador totalitario, no es por tanto un «desafortunado error».

siempre salvador y el objetivo, en todos los casos, es la remodelación de los humanos y del mundo.

Popper también señalaba, de una forma muy concreta, que quienes hacen exaltación de Platón como maestro de la honestidad y anuncian al mundo su ética como la más cercana al cristianismo antes de Cristo, están preparando el camino que lleva al totalitarismo y de modo especial a una interpretación totalitaria del cristianismo.[82] Agustín de Hipona nos proporciona un buen ejemplo. No contento con ocultar sus conexiones con los trabajos de Platón escribió lo que sigue a continuación:

> Si aquellas personas (Platón y sus seguidores) hubieran sido capaces de vivir su vida en contra de como la vivimos nosotros, pronto se hubieran dado cuenta de que sus gobernantes, con facilidad y con unos pocos cambios aquí y allá en sus palabras y aseveraciones, habrían acabado siendo cristianos y, en realidad, varios platónicos lo han hecho en tiempos recientes y lo hacen en nuestros días.[83]

Agustín también presentaba la sociedad en forma dualista (buenos y malos). El escribió: «porque algunos viven conforme a la carne y otros conforme al espíritu, han surgido dos ciudades (...); podríamos decir de igual forma: porque algunos viven conforme a los humanos y otros conforme a Dios»[84].

Evidentemente, como en cualquier forma de monoteísmo, el conflicto solo puede ser dualista. No obstante, el problema surge cuando sucumbimos a la tentación de construir la ciudad de Dios en la tierra. Aunque eliminemos a los delincuentes que, a menudo, son los que opinan de forma diferente a

---

[82] Popper (1966), vol. I, p. 104.

[83] Agustín (A) 14, 7, p. 34. Sobre la deuda contraída con Platón por Agustín, véase Infantino (2020c, pp. 57-92) y la bibliografía allí suministrada.

[84] Agustín (B), vol. 2, XIV, 4, p. 7.

como lo hacemos nosotros, nos encontramos siempre ante un dilema. La necesidad de imponer nuestras creencias salvadoras mediante el uso de la fuerza, que es exactamente en lo que se basan todas las formas de totalitarismo.

1.5. LAS CONSECUENCIAS NO INTENCIONADAS COMO OBJETO DE LAS CIENCIAS SOCIALES

Nada puede proteger a la vida humana de las consecuencias no intencionadas que producen nuestras acciones. Transformarlas en intencionadas acudiendo a las intenciones de toda una serie de dioses invisibles que intervienen, o al enfrentamiento de fuerzas del bien y del mal, también invisibles, significa simple y llanamente eludir el problema, porque los humanos quedan «inexorablemente a merced de la voluntad divina»[85] y «lo que sucede (...) depende de un poder arbitrario (...) los decretos inescrutables e inevitables de Dios.»[86] En esta situación, lo seres humanos no pueden «razonar, analizar, comparar, deducir, controlar, concluir». «Lo primero que hacen es suplicar, dirigir peticiones a Dios que puede iluminarlos».[87] Todo lo que cabe hacer es rogar a Dios que nos revele sus decretos».[88]

Así pues, tenemos que abandonar la idea de que los resultados no planeados se deben a la intervención de fuerzas que no vemos. Es también necesario eludir la tentación de secularizar la cuestión elaborando un plan donde todo encaja de forma misteriosa según nuestras intenciones,[89] lo que ter-

---

[85] Ortega y Gasset ([1941] 1946 —83b), p. 535.
[86] Ibíd.
[87] Ibíd.
[88] *Op. cit.*, 536.
[89] Dilthey ([1883] 1959) p. 98. Dilthey continuaba señalando (*op. cit.*, p. 100) que «cada intento (...) de mostrar el plan y significado de la historia humana es una nueva formulación del viejo sistema [teleológico], la educa-

mina llevándonos a confiar en la voluntad de seres humanos, dotados de conocimientos inmunes al error, que se ofrecen a aquellos con una fuerte inclinación a la sumisión. Estas situaciones impiden y forzosamente ocultan, la aparición de las ciencias sociales. Para que adquieran fundamento y florezcan, es necesario adoptar una perspectiva diferente. Es necesario reconocer que nadie puede eludir el error y hay que lidiar con el problema de las consecuencias no intencionadas de nuestras acciones.[90]

Emile Durkheim señalaba acertadamente que el dotado con la capacidad para «proyectar, modificar y derogar leyes como le plazca y «casi sin limitaciones», incluso una vez eliminada la unión con la divinidad, constituye en realidad una «superstición»,[91] y añadía que «nada puede retardar más el avance de las ciencias sociales que esta visión de las

---

ción de la raza humana indicada por Lessing; el autodesarrollo de Dios celebrado por Hegel, la transformación comtiana de la organización jerárquica no es otra cosa». Dielthey también incluía en ese grupo los filósofos de la historia que exponían Turgot y Kant.

[90] Popper (1991, p. 29) exactamente escribió que «nuestro conocimiento solo puede ser finito mientras que nuestra ignorancia tiene que ser necesariamente infinita.»

[91] Durkheim ([1966] 1980), p. 11. Un ser superior y un portador de un conocimiento inmune al error, el Gran Legislador testifica, con su sin igual presencia, que lo que sucede en la sociedad no responde a ley predefinida alguna. Por lo tanto no hay conocimiento accesible a otros mediante un proceso abierto, en el que cualquiera pueda participar de forma activa. Esto hace de la vida social el lugar permanente de lo *extraordinario*, descifrado solo por un humano *extraordinario,* que no puede conocer limitación alguna a su poder. Al contrario, su poder es ilimitado. En esa clase de hábitat no hay nadie evidentemente en condiciones de practicar la discusión crítica y no es posible el nacimiento de una ciencia de la vida en sociedad. La crítica de Durkheim al Gran Legislador vino precedida por la de Comte. Nos ocuparemos de esto en el capítulo 5, sección 5.3. No obstante, a diferencia de Comte, Durkheim ([1928] 1962, pp. 72-73) permanecía atado a la idea de que la sociedad debería mantenerse junta mediante un «centro común de sensaciones». Para una explicación amplia del problema, véase Infantino (1998), pp. 57-99.

cosas.»[92] Por otra parte, refiriéndose a la ley natural y a las doctrinas contractualistas, Werner Sombart escribió que «los fundadores de la sociología moderna se encuentran entre los más decididos oponentes al derecho natural y la teoría contractualista.»[93]

¿Cuál es, por tanto, el problema? Precisamente porque no cabe atribuir omnisciencia a ningún humano y no podemos suponer que cada uno de nosotros lo sepa todo, cada uno de nosotros no es el portador de una «verdad patente» que le permita saber qué es lo que resulta posible llevar a cabo y qué es imposible hacer.[94] Por lo tanto, si adoptamos la idea de que todo aquello que no es directamente ocasionado por nuestra voluntad es atribuible a la acción de uno o varios humanos extraordinarios, seguimos encerrados en una concepción que hace posible transformar las consecuencias no intencionadas en otras que lo son. Y si atribuimos la capacidad de saber lo que es posible llevar a cabo y lo que no es, a la generalidad de los seres humanos, tenemos necesariamente que aceptar la idea de que cada uno de los sucesos que tienen lugar en la sociedad son producto intencional de la acción humana. En este caso, también estamos negando la existencia de consecuencias no intencionadas[95] y nos encontramos, de nuevo, en

---

[92] Durkheim ([1966] 1980), p. 12.

[93] Sombart (1923), p. 9. Esto no detuvo a Sombart de sucumbir a la tentación de escribir en otro trabajo (Die drei Nationalökonomien) que está lleno de reproches y críticas a la teoría económica, que Hitler tomaba órdenes directas de Dios, el Fürher supremo del Universo (Sombart [1934] 1937, p. 194). Véase con más amplitud Mises (1978), pp. 102-103.

[94] Popper (1991), p. 5. Como no hay fuente alguna de conocimiento inmune al error (los humanos son todos ignorantes y falibles) no hay omnisciencia general (los seres humanos pueden ser considerados iguales no como resultado de lo que conocen sino por su común condición de ignorancia y falibilidad).

[95] Como Popper (1991, p. 17) señalaba precisamente, si la verdad es manifiesta, la ignorancia se convertiría en una «conspiración» culpable. Además en la cuarta de sus *Metaphsical Meditations*, Descartes ([1641] 1901b, p. 180) argumentaba que los errores surgen de la «voluntad» que «es mucho más amplia y extendida que el conocimiento». Como Ortega y Gas-

una situación en la que toda norma o institución social es redundante porque contradice la premisa de la omnisciencia.[96] Argumentar que el orden social está directamente determinado por la voluntad humana (ya sea uno solo o de muchos) no nos autoriza a dar una respuesta al problema[97] y, por tanto, nos obliga a rechazar no solo el orden intencional querido por la divinidad (o divinidades) sino también la versión secularizada de la planificación. Pero esto, aunque necesario, no es suficiente. Necesitamos: (a) que la acción de cada uno de nosotros produzca una secuencia de resultados que escapan al control de cada uno (b) conocer el proceso que hace de las acciones humanas el origen de sucesos no planeados o esperados (c) identificar las condiciones que permiten corregir las consecuencias no intencionadas negativas de las acciones, hacen posible aprovechar las positivas y un orden social que no esté intencionalmente pretendido.

En un breve, pero muy influyente trabajo, Robert K. Merton llamaba la atención de los estudiosos de estos temas, y recordaba muchos aspectos que con el tiempo han ido siendo identificados. Repetimos aquí algunos de ellos: La Providencia (inmanente o trascendente), Moira, la Paradoja de Fol-

---

set observaba ([1923] 1946-83c, pp. 159-160) esa clase de «audacia» lleva a la conclusión de que «si no fuera por los pecados de la voluntad, el primer hombre habría ya descubierto todas las verdades que cabe adquirir, no habría pues habido variedad de opiniones, leyes, costumbres, en resumen, no habría habido historia,» y la historia sería sustancialmente la de los errores humanos (...). La Historia y la vida están lastradas por un sentido negativo que las asemeja a algo criminal.»

[96] Hayek (1982) vol. 2, p. 20.

[97] En consecuencia, hay situaciones que no cabe eludir. En primer lugar, tenemos que renunciar a un «conocimiento del mundo inmune al error». Esta idea necesariamente conduce a la búsqueda de la persona o grupo social que ostenta esa clase de conocimiento (véase Popper 1991, p. 24) que trae a nuestro recuerdo el caso del rey filósofo de Platón los industrialistas de Saint-Simon, la «clase general» de Hegel, la «clase científica» de Hegel, la «clase científica» de Comte, el «proletariado» de Marx, la clase suigéneris de Durkheim y la raza de Hitler. Tenemos que abandonar la ilusión de una «verdad manifiesta» poseía o adquirida por alguien.

gen, Schicksal, las fuerzas sociales, la heterogenia de fines.[98]
Merton proporcionaba también una lista de autores que, de
alguna forma, se habían ocupado o interesado en el problema. Entre ellos incluye a Adam Smith y Max Weber. Pero no
a Pierre Bayle, Bernard de Mandeville, David Hume, Charles
Louis de Mantesquieu, Josiah Tucker, David Ferguson, Edmund Burke, Benjamin Constant, Francois Guizot, Herbert
Spencer y Georg Simmel, mientras incluye autores que tienen
con el tema una relación más tardía y menos importante.[99]
En las páginas que siguen a continuación veremos cómo el
estudio de las consecuencias no intencionadas coincide con el
nacimiento de las ciencias sociales.[100]

---

[98] Merton (1936, p. 894, nota 3).

[99] *Op. cit.*, nota a pie de página 1.

[100] Es útil citar aquí lo que ha escrito Hayek sobre este tema (Hayek
1979, p. 69): «Si los fenómenos sociales no mostraban orden alguno, salvo
en la medida que estuvieran diseñados de forma deliberada, no habría espacio alguno para una teoría de las ciencias sociales y habría, exclusivamente,
como con frecuencia se ha argumentado, problemas sicológicos. Solo en la
medida que alguna clase de orden social pueda surgir de las acciones individuales de los humanos, se plantea un problema que exige una explicación
teórica». Por su parte Popper (1991, vol. I, p. 214) escribió: «Los problemas
característicos de las ciencias sociales surgen solo de nuestro deseo de conocer las consecuencias inintencionadas (...) que pueden surgir si hacemos
ciertas cosas.».

Capítulo II

PIERRE BAYLE Y BERNARD DE MANDEVILLE

[...] La República de las Letras no es un país en el que uno pueda sentirse satisfecho con tener buenas intenciones. (Pierre Bayle)

[...] La mayoría [de nuestros...] atributos son adquiridos y lo hacen de manera inesperada como resultado del trato con unos y con otros [...]. Los humanos acaban siendo sociables viviendo juntos en sociedad (Bernad de Mandeville)

2.1. EL AUTENTICO Y EL FALSO INDIVIDUALISMO

La doctrina de la verdad manifiesta solo se encontraba en Descartes. El «basaba su optimismo epistemológico en la importante teoría de la *verdad de Dios*. Lo que nosotros vemos con toda claridad que es verdad tiene realmente que serlo, de otra forma Dios nos estaría engañando. Por tanto, la veracidad de Dios es la raíz de la verdad manifiesta.»[1] La duda sistemática nos libera de todos nuestros prejuicios y nos sitúa en posición de poder alcanzar «la verdad en sí misma».[2]

---

[1] Popper (1991), vol. I, p. 7.
[2] *Op. cit.*, p. 15.

Aunque pueda parecer lo contrario, la teoría de Bacon no es diferente. «Su doctrina se puede decir que es la *veracitas naturae* [...]. La naturaleza es un libro abierto. El que lo lea con una mente pura no puede interpretarlo equivocadamente. Solo una mente emponzoñada o corrompida por los prejuicios puede caer en el error.[3] Esto significa que hay un camino que hace posible alcanzar un «conocimiento cierto».[4]

De acuerdo con Popper, Bacon y Descartes no lograron «liberar sus epistemologías del criterio de autoridad, no tanto porque ellos apelaron a la autoridad religiosa, ya fuera la de Dios o la de la Naturaleza, sino por una razón más profunda».[5]

«A pesar de sus inclinaciones individualistas, no se atrevieron a acudir a nuestro juicio crítico, —su juicio o el mío; quizás porque pensaron que esto podía llevarlos al subjetivismo o a la arbitrariedad. No obstante, cualquiera que fuese la razón, ellos no fueron capaces de sustituir la autoridad, de Aristóteles o la de la Biblia, —por otra. Cada uno de ellos apelaba a una nueva autoridad; uno a la autoridad de los sentidos y el otro a la autoridad del intelecto».[6]

Esto fue lo que más contribuyó a que para ellos el orden inintencionado fuera algo impensable. En el caso de Bacon, él siempre abrigó la convicción de que la ciencia podía ser algo así como el instrumento, mediante el cual, podríamos llegar a construir el reino de Dios en la Tierra[7] y, en cualquier caso, la figura de Gran Legislador domina su mente: esto está confirmado por lo que escribió acerca de Salomón en *The New Atlantis*.[8] Por lo que hace a Descartes el no dudó en alabar a Esparta. De hecho, escribió que, «para hablar de las

---

[3] *Op. cit.*, p. 7.

[4] *Op. cit.*, p. 14.

[5] *Op. cit.*, p. 14.

[6] *Op. cit.*, pp. 15-16.

[7] Bacon ([1620] 1975, p. 117) no dudaba en afirmar que «los descubrimientos son como si fueran creaciones nuevas e imitaciones de las obras de Dios».

[8] Bacon ([1624] 1925), pp. 27-28.

cosas humanas pienso que, si Esparta llegó a prosperar formalmente en el pasado, no fue por la excelencia de sus leyes [...] sino porque habiendo sido ideada por un solo hombre, los espartanos habían pensado lo mismo».[9]

Popper observó que, a pesar del error, la epistemología optimista de Bacon y Descartes fue la «mayor inspiración de un intelectual y una revolución moral sin paralelo en la historia,»[10] el añadió que su teoría del conocimiento «se convirtió en el fundamento de un conocimiento inconformista, individualista y de un nuevo sentido de la dignidad humana,[11] pero reconocía que junto a esta epistemología discurría otra que rechazaba la duda Cartesiana y recobraba la duda Socrática.»[12]

La senda adoptada por Sócrates en su *Apología* era completamente distinta a la de Descartes. En el diálogo con políticos, poetas y artesanos, les reprocha su «pretensión de conocimiento.»[13] Refiriéndose a los poetas, en particular, Sócrates dijo:

> Deduzco que no era la sabiduría lo que les capacitaba para escribir su poesía sino una especie de instinto o inspiración, como la que encontraban en videntes y profetas, quienes emitían todos sus mensajes sin saber en absoluto lo que significaban. Tengo la impresión, bastante clara, de que la circunstancia misma de considerarse poetas les llevaba a pensar que tenían un conocimiento perfecto de todos los temas, acerca de los cuales eran, de hecho, unos completos ignorantes.[14]

---

[9] Descartes ([1937] 1901a), p. 15.

[10] Popper (1991), p. 8.

[11] Ibíd.

[12] *Op .cit.*, p. 16.

[13] «Pretensión del conocimiento» es una expresión muy utilizada con carácter general por Hayek (1928), p. 23.

[14] Platón (A), 22c.

«Y ahora parece que esta es la misma clase de superioridad que encuentro en el caso de los políticos.»[15]

Las palabras de Sócrates expresan lo mismo, no hay fuentes de conocimiento que sean inmunes al error; no hay personas ni grupos sociales que sean inevitablemente portadores de la verdad. Por lo tanto, tenemos que reconocer, sin rubor alguno, nuestra condición de ignorancia y falibilidad. Esto constituye el fundamento de una tradición filosófica que ha considerado y considera que la libertad personal de elección es el medio por el cual cada uno de nosotros puede contribuir a un dilatado proceso de exploración de lo que desconocemos y de corrección de los errores. Esto último no es algo de lo que tengamos que culparnos. Nuestra condición lo hace inevitable. Identificar los errores es algo que nos enriquece y nos muestra lo que no debemos hacer. Pero esto no descarta que volvamos a incurrir en el error. En este sentido, se trata de un proceso que no tiene fin, que siempre permanece inacabado.

Junto al individualismo basado en la doctrina de la «verdad manifiesta,» hay también un individualismo que se basa en nuestra condición de ignorancia y falibilidad. Los logros a los que se refiere Popper no son resultado de lo anterior, y Friedrich A. von Hayek consideraba que eran un «falso» individualismo, precisamente porque, con su alegada posesión de la verdad, niega el proceso social y los resultados inintencionales (o los transforma, en especial cuando son resultados negativos, en producto de una conspiración urdida por otros).[16]

---

[15] Ibíd.

[16] Esto nos da la oportunidad de hacer una aclaración. Bobbio (1990, p. 117) escribió que «más o menos todas las doctrinas reaccionarias han discurrido a través del anti-individualismo». Pellicani (1992, p. 132) comentaba que «partiendo de premisas estrictamente individualistas, Hobbes justificó el Estado-Leviathan». Para dejar las cosas absolutamente claras, ha de tenerse en cuenta que las premisas individualistas de Hobbes son precisamente aquellas a las que Hayek denominó «falsas» y que por distintas vías tratan de conseguir la realización de un orden social deliberadamente per-

Por lo tanto, se trata de lo que Hayek llama «individualismo auténtico» que sitúa a todas las personas en un mismo plano de ignorancia y las invita a movilizar libremente sus conocimientos limitados y falibles, y sus recursos escasos.[17] Este es un individualismo que, además de rechazar el supuesto de omnisciencia, niega la idea de que las personas, incluso antes de haber adquirido una relativa posición social, sean humanas. Por lo tanto, no se necesita introducir en la escena el *inicio* de la sociedad. Como Popper señalaba correctamente en este punto.

> la naturaleza humana pre-social que explica la fundación de la sociedad [...] no es solo un mito histórico sino también un mito metodológico. Esto es algo que no cabe discutir seriamente porque tenemos buenas razones para pensar que los humanos, o mejor sus antepasados, eran sociales ya antes de ser humanos (considerando, por ejemplo, que el lenguaje presupone ya la sociedad).[18]

---

seguido conforme a nuestras intenciones. Por consiguiente, cuando Strauss (1965, p. 182) sostiene que Hobbes fue el «fundador del liberalismo» está haciendo una afirmación que resulta insostenible. Para una crítica parecida véase Wolin (2006, p. 655, nota 24).

[17] Hayek (1949), pp. 1-33. Bartley (1984, p. 109) escribió que «la filosofía moderna es la historia de la rebelión de una autoridad contra otra y de choque entre autoridades que compiten. Lejos de renunciar a apelar a la autoridad como tal, la filosofía moderna ha mantenido una sola alternativa, a la práctica de basar las opiniones sobre la autoridad tradicional y tal vez irracional, a saber: la de basarla en una presunción de racionalidad. A la luz de lo que se ha dicho en este texto, la posición de Bartley parece reductiva, precisamente porque allí desarrollaba una tradición filosófica, de la que él era uno de sus exponentes, en la que rechazaba sustituir un *fundamento* por otro; es decir, rechazaba la doctrina de la «verdad manifiesta».

[18] Popper (1966), vol. 2, p. 93.

2.2. BAYLE: LIMITES DEL CONOCIMIENTO, RELIGIÓN Y MOTIVOS PARA LA ACCIÓN

Como es bien sabido, la recuperación de la duda socrática precedió a la afirmación del racionalismo Cartesiano.[19] No obstante, el reconocimiento de los límites a los que se encuentra sometido nuestro conocimiento, incluso aunque puede defendernos de la presunción de ser capaces de edificar un orden social de manera intencional y deliberada, no nos libera de la idea de que ese orden social pueda ser el resultado de la voluntad divina, todo lo contrario, puede llevarnos a ello. En realidad, precisamente la aceptación de nuestra condición de seres ignorantes y falibles, puede ser el primer paso a dar en dirección al misterio religioso, es decir, hacia aquello que está más allá de toda clase de pruebas y refutaciones.[20]

Por lo tanto, es necesario aceptar todos nuestros límites cognoscitivos que nos alejan de la presunción según la cual, el orden social puede ser producto de la voluntad de los humanos, y nos obliga a buscar una explicación que, eludiendo toda referencia a la intervención del poder divino, ponga de manifiesto el proceso mediante el cual, sin clase alguna de planificación previa, los proyectos de cada uno acaben dando un resultado «coherente». Básicamente se trata de asegurar, no como hacía Galileo en otras áreas, una correcta delimitación de las fronteras entre lo profano y lo sagrado.

Pierre Bayle es un escritor que puede ayudarnos a hacerlo.[21] En su obra, intentó alejar la religión de cualquier entre-

---

[19] Popper (1991, p. 16) consideraba a Nicolás de Cusa, Erasmo de Rotterdam y Michel de Montaigne entre aquellos que rescataron la duda socrática.

[20] Montaigne ([1589] 1838, p. 226) había visto en la «presunción» de la que los seres humanos son por naturaleza originalmente achacosos y enfermizos, el fundamento para configurarlos como «las criaturas más calamitosas y frágiles.»

[21] En relación a Bayle, Voltaire ([1752] 1822, vol. 7, p. 246) escribió: «Uno de los filósofos más perseguido fue el inmortal Bayle, orgullo de la especie humana.»

verado con la superstición y él entonces desligó la religión de todas aquellas funciones político-sociales que, mezcladas con las propiamente religiosas, no hacen sino servirse de la fe religiosa para manipular las cosas y en provecho propio. El propio Bayle se sirve de un acontecimiento que tuvo lugar en diciembre de 1680, tras la aparición de un cometa, y nos cuenta cómo entonces multitud de personas, intrigadas y alarmadas, se dirigían a él planteándole multitud de preguntas, todas ellas convencidas «invariablemente» de que Dios había sido el autor de aquel extraordinario fenómeno celeste, para que los pecadores tuvieran tiempo de arrepentirse y liberarse así de las penas en las que habían incurrido, y pendían sobre sus cabezas,[22] o creyendo que los cometas «son como heraldos que vienen de Dios para declarar la guerra a la especie humana.»[23] El objetivo inicial de Bayle, a la hora de responder a esta clase de cuestiones, fue el de «arrancar, desde sus raíces, ese temor a los cometas del alma de las gentes», haciéndoles ver que la aparición de los cometas no era, en absoluto, signo o señal de la furia o la cólera de Dios.»[24]

«Por lo tanto, las ideas infundadas que ven la mano divina detrás de cada fenómeno natural y humano, son sugeridas por poetas e historiadores», por la tradición y por los mismos «filósofos» que son también inducidos a creer que «la corrupción del mundo arma la mano de Dios.»[25] Pero en el campo del conocimiento solo cabe seguir el ejemplo Socrático: nosotros tenemos que negar toda clase de «autoridad;»[26] el error no es un acto voluntario; no hay «precauciones» que poda-

---

[22] Bayle ([1682] 1965-70a, vol. I, p. 7).

[23] *Op. cit.*, p. 10

[24] *Op. cit.*, pp. 5-6.

[25] *Op. cit.*, pp. 10-12. Por su parte, Erasmo ([1511] 1887, vol. 7, p. 246) había escrito [...] si consultamos a todos los historiadores del pasado, no encontraríamos ni príncipes más débiles, ni gentes más serviles y miserables que aquellos gobernadores ilustrados que han asumido la administración de asuntos mundanos».

[26] Bayle ([1682] 1965 —70a), p. 12.

mos llegar a tomar para eludirlo.[27] Hay errores absolutamente involuntarios»[28] y estos pueden estar también presentes en las opiniones mantenidas por la mayoría. Esta es la razón por la que «no hay personas que no tengan el derecho a exigir que se escuchen sus ideas, incluso si [...] él es la única persona que las sostiene;»[29] hasta para aquellos que le escuchan «para saber cómo defenderlas mediante un análisis completo, y no por prescripciones o el prejuicio de su número.»[30]

Bayle intenta de esta forma lograr dos cosas: la primera de ellas es el entreverado de creencias religiosas y creencias que son puras y simples supersticiones, la segunda es la presunción de capacidad para encontrar la «verdad manifiesta». Por lo que hace a esto último, él consideraba imposible liberar a los humanos de sus pasiones, sus concepciones falsas y sus errores. El escribió:

> el mundo se manifiesta tal y como lo contemplamos, solo porque los humanos viven plagados de prejuicios, y si los filósofos fueran capaces de hacer que todas las personas actuaran conforme a una clara percepción de las distintas ideas de su razón, podemos estar seguros que la especie humana sucumbiría pronto. Los errores, las pasiones, los prejuicios y cientos de otros defectos similares son como una especie de mal necesario para la existencia del mundo. Si fueran curados, no les serviría de mucho en esta tierra.[31]

Esto quiere decir que «la verdad es la desesperación de la historia en grado no menor al de la filosofía.»[32] Nadie puede engañare a sí mismo pensando que la posee. Aquellos que buscan saber tienen que embarcarse y confiar en un largo

---

[27] *Op. cit.*, p. 68.
[28] *Op. cit.*, p. 128.
[29] *Op. cit.*, p. 22.
[30] Ibíd.
[31] Bayle ([1685] 1965 —70a), p. 274.
[32] Bayle ([1683] 1965 —70a), p. 53.

y difícil proceso que nunca hace posible llegar a resultados definitivos, y que progresa solo por medio de una continua corrección de errores.»[33]

Por lo tanto, no es sorprendente que Bayle llegara a negar a la religión una de las funciones sociales que se le atribuían, a saber: la de actuar como un freno de las pasiones humanas. Bayle escribió: «es infundado argumentar que el vago y confuso conocimiento que tenemos de la providencia sea de mucha utilidad a la hora de disminuir la corrupción de los humanos. No es aquí donde tenemos que buscar su utilidad que, en realidad, es mucho más material que moral [...]. Es bien conocida la impresión que produce en el alma el pensar que se combate para salvar el templo, los altares y los dioses domésticos *pro aris et focis* [...]. Esto es precisamente la utilidad que tienen las falsas religiones en lo que hace a la conservación de los Estados y las Repúblicas».[34]

Pero ellas son «barreras absolutamente inadecuadas para contener las pasiones de los humanos.»[35] Ni siquiera la religión cristiana consigue este objetivo. Para comprender esto es suficiente examinar los motivos que determinan las acciones de los humanos.[36] Incluso cuando una persona está «sinceramente entregada a Dios», y su corazón «está santificado por la gracia del Espíritu Santo», «uno no se rige de acuerdo con las luces de la consciencia.»[37] En consecuencia, uno no puede engañarse pensando que la religión es la «norma que guía la conducta de los humanos.»[38] Uno tiene que admitir que las leyes humanas son más eficaces que la religión, a la hora de

---

[33] Véase de forma más extensa Paganini (1980), p. 42.
[34] Bayle ([1682] 1965, 70a), p. 84.
[35] Ibíd.
[36] *Op. cit.*, p. 87.
[37] *Op. cit.*, p. 84 y p. 87.
[38] *Op. cit.*, p. 92.

«reprimir el mal.»[39] Y esto obliga a reconocer que «el ateísmo no necesariamente conduce a la corrupción de las morales.»[40]

Dando pre-eminencia a las leyes humanas y refutando que un ateo tenga inevitablemente que ser «el más grande y mayor villano incorregible del universo,»[41] Bayle destruyó las razones que sustentan la necesidad de hacer de la religión una obligación social impuesta e incuestionable. Esto es la circunstancia que permite convertir la fe religiosa en una simple elección personal tolerada, pero fuera ya del corazón[42] de los humanos que atañe a grupos sociales muy concretos.[43] Por tanto, ninguna confesión religiosa puede ser utilizada públicamente como fuente de conocimiento inmune al error, a la que se le pueda encomendar la tarea de legitimar a los gobernantes, y si es necesario, transformando toda una serie de acontecimientos sociales de carácter inintencional, en productos de toda una población de deidades invisible de todo tipo.

Pero esto no es suficiente todavía para resolver el problema. Como sabemos, el orden intencional, determinado por la voluntad de una persona, es el producto de las prescripciones que de ella emanan. El orden intencional debido a la posesión, de una «verdad manifiesta» sobre la parte de un todo, no necesita ser llevado a cabo; precede a la acción, porque todos saben de manera precisa lo que pueden y no pueden hacer. En las dos situaciones, las intenciones que se encuen-

---

[39] *Op. cit.*, p. 84.
[40] *Op. cit.*, p. 86.
[41] *Op. cit.*, p. 87.
[42] Brega (1957), p. xiv
[43] A diferencia de Montaigne, Bayle ([1697] 1820, bol. 12, p. 106) creía que «si una persona está convencida de que para él no cabe esperar nada de la investigación filosófica, estará dispuesto a invocar a Dios [...] se sentirá más inclinado a ello [...] que aquellos que se complacen con los resultados del razonamiento y las polémicas. En época reciente Hayek (1960, p. 61) escribió: «La tradición antirracionalista se sitúa [...] próxima a la tradición cristiana de la falibilidad y perversidad de los humanos, mientras que el perfeccionismo del racionalista está en un conflicto irreconciliable con esa tradición.» Sobre Bayle, véase también Paganini (1980), p. 45.

tran detrás de la acción y la justificación social de las mismas, al igual que el orden querido por Dios que conoce y juzga las motivaciones de cada uno, están determinadas y coinciden entre sí, salvo en los casos de malignidad».[44]

Sin embargo, la situación real es muy distinta. Yendo más allá de lo estrictamente religioso. Bayle con agudeza escribió: «cuando uno compara las costumbres reales de una persona» con las ideas que por lo regular manifiesta, «es sorprendente no encontrar al hacerlo conformidad alguna entre unas y otras»[45] y, a continuación, planteaba la siguiente pregunta «¿quiere usted saber la razón de esta inconsistencia?»[46] Esta es su respuesta:

> Los humanos deciden actuar de una forma, en lugar de hacerlo de otra manera, sin guiarse por el conocimiento general que tienen de lo que hay que hacer, sino conforme a lo que consideran oportuno en el momento concreto de actuar. [... Este] juicio particular, en ciertos casos, puede coincidir con las ideas generales que él profesa sobre lo que tiene que hacer, pero la mayoría de las veces no es así, y casi siempre actúa según la pasión dominante en su corazón, la inclinación

---

[44] Para tratar de que el orden social coincida con las intenciones de aquellos que lo proyectan, los sistemas totalitarios (que son la expresión más extrema del orden intencional) recurren todos a un control riguroso de toda manifestación de vida personal, alcanzado mediante la manipulación del lenguaje, la falsificación de la realidad y una movilización permanente contra los enemigos internos y externos. Este es un intento para hacer imposible la más mínima forma de elección personal. La vida de cada uno tiene que estar absolutamente conformada de acuerdo con la posición que la persona ocupa en la terrorífica maquinaria política administrativa del sistema. Véase Infantino (2020a, pp. 96-105 y la bibliografía que allí se incluye).

[45] Bayle ([1682] 1965 —70a), p. 87.

[46] Ibid Kaye (1924, pp. xiii-xiv) remontaba la posición de Bayle a la influencia de los escépticos en particular a Montaigne. En un estudio específicamente dedicado a Bayle, Paganini (1980, p. 40) argumentaba que «el intermediario entre la herencia filosófica completa del escepticismo y Bayle es ciertamente La Mothe Le Voyer, en lugar de Montaigne. Sin embargo, debería ser claro que La Mothe Le Voyer estaba, a su vez, influido por Montaigne.

de su temperamento, la fuerza de los hábitos adquiridos, y la preferencia y sensibilidad que uno manifiesta hacia determinadas cosas.[47]

Así pues, cabe admitir que «los humanos son criaturas razonables»[48] pero «no es menos cierto que casi siempre se actúa conforme a principios propios».[49] Esto es también así para los creyentes «conforme [...] a la idea general, una persona que cree en Dios, en el cielo y en el infierno, debería hacer todo lo que él sabe que agrada a Dios y no lo que a él le conviene, pero la vida nos muestra que hace exactamente lo contrario.»[50] Y, no obstante, esta inconsistencia, en lugar de dañar la vida social, es una fuente de bienestar. Bayle repitió esta convicción en varias ocasiones y también fue más allá, al sostener que la estricta aplicación de la moralidad cristiana tendría efectos verdaderamente desastrosos. Las cuestiones que plantea lo corroboran: ¿Considera usted que los consejos de Jesucristo están encaminados a demoler las pasiones y las ocupaciones de cada uno de nosotros, sin que la sociedad desaparezca? ¿No piensa, usted que, si los humanos cumplieran meticulosamente los consejos evangélicos, el mundo se convertiría en una abadía trapense?[51] Si usted desea pertenecer a una nación lo bastante fuerte para resistir a sus vecinos, abandone las máximas de la Cristiandad, como tópicos de los predicadores.»[52]

---

[47] Bayle ([1682] 1965 —70a), p. 87.
[48] Ibíd.
[49] Ibíd.
[50] Ibíd.
[51] Bayle [1683] 1965 —70c), p. 279.
[52] Bayle ([1694] 1965 —70b), p. 361. Esta es una oportunidad para citar el siguiente pasaje de Swift ([1708] 2004, p. 3): «Espero que ningún lector me imagine tan impotente como para defender la Cristiandad como se acostumbraba a hacer en épocas primitivas (si hemos de creer a los autores de entonces) para influir en las acciones y creencias de los humanos. Tratar de restaurarlo sería un proyecto disparatado, sería desenterrar principios, destruir de una vez todo lo que sabemos y la mitad de lo que aprendimos

Los motivos de las acciones humanas están en franca oposición a los principios que profesan las personas que actúan. Pero, no obstante, el orden social termina establecido. Esto quiere decir que, a pesar de todo, las acciones terminan adaptándose unas a otras, Bayle no nos proporciona una explicación completa de cómo se lleva a cabo este proceso. El solo hace referencia «al éxito del intercambio mutuo»[53] Pero está claro que sus interrogantes y reflexiones apuntan todas a un orden de no deriva de las intenciones de nadie.

2.3. MANDEVILLE. DE LA FALIBILIDAD HUMANA AL ORDEN NO INTENCIONADO

Frederick B. Kaye fue, de lejos, la mayor fuente de inspiración para Bernard de Mandeville.[54] Es más, Kaye sugirió también que pudo haber contacto entre los dos en Rotterdam[55] y no dudaba en añadir que Bayle sentó los «fundamentos» de la obra del otro. Esto no quiere decir que otros pensadores no influyeran también, Kaye menciona en particular a La Rochefoucauld.[56] Pero no se debería olvidar que la mente de Mandeville estaba «empapada desde su juventud por las ideas de

---

de la monarquía, destruir la estructura y constitución de las cosas; arruinar el comercio, destruir las artes y las ciencias, y a los que las enseñan; en resumen, convertir nuestros tribunales, bolsas, lonjas y comercios en desiertos.»

[53] Bayle ([1682] 1965 —70a), vol. I, p. 174. Erasmo [1511] 1887, p. 43) ya había manifestado: «que podría no ser razonable considerar que, entre el príncipe y su pueblo, el señor y el criado, el tutor y su pupilo, entre amigos, entre el marido y su mujer, entre comprador y vendedor, o entre personas que se relacionan de una u otra forma, nunca surgen pequeños ultrajes». En otra ocasión, Erasmo ([1517] 1917, pp. 6-7) habló de la necesidad de beneficio para las partes que están implicadas en un intercambio. En el lenguaje de nuestro tiempo, al describir el intercambio, diríamos que es un juego de estrategia de suma positiva.

[54] Kaye (1924), p. ciii.

[55] Ibíd. Kaye basaba su hipótesis en que Mandevilla asistió a la Escuela Erasmiana de Rotterdam, donde enseñaba Bayle.

[56] Ibíd.

Erasmo y Montaigne» ni que en aquella época esas mismas ideas habían logrado alcanzar una gran difusión.»[57]

Al igual que Bayle, Mandeville escapó de la ilusión de que pudiera existir «autoridad» alguna en el campo del conocimiento, y ésta es la razón por la que no duda en escribir:

> muy pocas cosas [...] son obra de un solo humano o de una generación, la mayor parte de las cosas son producto del trabajo afortunado de varias épocas [...]. La sabiduría de la que hablo no deriva de un entendimiento prodigioso o un pensamiento esforzado, sino de un discernimiento cabal y reflexionado que se adquiere después de una dilatada experiencia [...]. Mediante esta clase de sabiduría, y con el transcurso del tiempo, puede que no fuera más difícil gobernar una gran ciudad que [...] tejer unas medias.[58]

Y, además: «La sabiduría humana es la criatura del tiempo. No fue invención de un humano ni pudo haber sido un asunto de pocos años.»[59]

Lo que cada persona conoce es siempre muy poco. Y nosotros tampoco podemos eludir la falibilidad. Impulsamos «nuestra razón allí donde nos llevan la pasión, y el amor a sí mismo sirve de justificación a todos los humanos. Cualesquiera que sean sus objetivos, ese amor sirve como argumento que justifica todas sus elecciones.»[60]

---

[57] Hayek (1978), p. 253.

[58] Mandeville ([1714—1729] 1924), vol. 2, pp. 321-322.

[59] Mandeville (1732), p. 41. Los pasajes de Mandeville recuerdan a Cicerón ([A] II, 9). «Nuestra república está basada no en el genio de una persona sino de muchas, no está basada en una generación, sino que es producto de un largo periodo de varios siglos y muchas personas de distintas épocas». Cicerón (ibid) atribuía a Cato el Censor la manifestación siguiente: «Jamás ha vivido una persona que poseyera una fuerza intelectual tan extraordinaria que lo abarcara todo y nada se le escapara, ni que pudiera aglutinar las fuerzas de todos los que en su tiempo vivieran y hacían posible todo lo necesario, para asegurar el futuro sin ayuda de la experiencia y la prueba del transcurso del tiempo.»

[60] Mandeville ([1714—1729] 1924), vol. I, p. 333.

Incluso aquellos que actúan conforme a su saber y entender, siguiendo estrictamente lo que les ordena la razón, no están menos obligados a actuar de esa forma por alguna u otra pasión que les lleva a obrar, y otras que les desafían y actúan contra ambas, a los que llamamos esclavos de sus pasiones.[61]

Por lo tanto, no hay personas omniscientes y no hay una omnisciencia de la que todos pueden beneficiarse por igual.

El conocimiento es siempre parcial e incierto, y necesita continuamente estar puesto a prueba, de manera que estamos siempre expuestos a cometer errores y su corrección es un proceso que siempre permanece abierto. Saber y creer son dos cosas muy distintas. Lo primero se sitúa en el territorio de lo profano, donde todo tiene que estar sometido al escrutinio de la discusión crítica, lo último, por el contrario, está situado más allá de las pruebas y las refutaciones.[62] Esta es la razón por la que Mandeville no solo urgía a que «los admiradores del entendimiento humano no confiaran demasiado en su suficiencia» y, de manera especial, señalaba que en la medida que pudiera ser útil para la sociedad, siempre tengamos en cuenta que «la filosofía es la peor ayuda para todo lo relacionado con la eternidad, de manera que nunca debería mezclarse con la teología.»[63]

Por tanto, sabemos poco, incluso cuando creemos que sabemos algo, y tenemos que aceptar siempre nuestras limitaciones intelectuales, y esto nos obliga a admitir también siempre que podemos estar equivocados. Tenemos también que abandonar la idea de que estamos en condiciones de saber lo

---

[61] Mandeville (1732), p. 31.

[62] Mandeville (1723), pp. 64-65.

[63] *Op. cit.*, pp. 84-85. Mandeville (*op. cit.*, pp. 181-182) también manifiesta «cuando los humanos, después de haber hecho uso, en vano, de todas sus facultades para clarificar la infinita grandeza de Dios y sus inteligibles atributos, esforzándose en hacerlos menos incomprensibles, y humillando la Divinidad al entregarla a la comprensión de su frágil intelecto, incurrieron en errores miserables».

que es bueno y lo que es malo. Puesto que «lo más que saben los humanos de este mundo, ya sea por lo que han leído o experimentado, les habrá llevado al convencimiento de que [...] casi todo [...] invita a la tolerancia.»[64] Y esto hace necesario lograr la separación entre la política y la religión. Es necesario que las creencias religiosas sean vividas como algo que la persona elige, y por tanto, guiarán su conducta, pero no pueden ser establecidas como si se trataran de una fuente de conocimiento infalible, obligatoria por la fuerza de la lógica.[65]

Si esto es lo que constituye el fundamento del pensamiento de Mandeville, el problema central que necesita abordar es el de explicar de qué forma las distintas acciones de los humanos pueden llegar a ser mutuamente compatibles. Esto, a primera vista puede parecer un objetivo inalcanzable, especialmente si uno piensa que la cuestión, ya subrayada por Bayle, hace referencia a la fractura existente entre las motivaciones de las personas, y lo que está justificado para la sociedad. Para dar respuesta al problema, Mandeville hace uso de la idea de las consecuencias no intencionadas de las acciones humanas que es la aguja magnética real de toda su obra, para lo cual lo mejor es ir paso a paso. Mandeville escribe:

> Si examinamos cada una de las aptitudes y requisitos que nos permiten asegurar que los humanos son seres sociables que se diferencian de los animales, veremos que son muchos, y una buena parte de los mismos son adquiridos y derivan de multitud de personas que hablan entre ellos. *Fabricando fabri fimus.* Los humanos se convierten en sociables viviendo juntos en sociedad.[66]

---

[64] *Op. cit.*, p. 215.

[65] *Op. cit.*, p. 239.

[66] Mandeville ([1714 —1729] 1924), vol. 2, p. 189. Para aclarar esto, uno puede leer el siguiente pasaje: «La vinosidad en la medida que es efecto de la fermentación, es accidental y ninguna de las uvas hubiera podido experimentarla si hubiera permanecido aislada. Por tanto, si usted comparase la sociabilidad de los humanos y la vinosidad del vino encontraría que en la

Y resulta difícil imaginar cómo sería un humano sin instrucción alguna[67] que es como decir que no hay ni un primer humano y tampoco un comienzo de la sociedad.[68] Lo que es propiamente humano es producto siempre de la interacción social y del ejercicio continuo de co-adaptación de las acciones personales, tras las cuales no hay planificación ni gobernanza de nadie.

El lenguaje, por ejemplo, ha ido surgiendo lentamente, paso a paso, y en un dilatado transcurso del tiempo, sin diseño alguno, esto habría presupuesto ya su existencia.[69] En consecuencia, no hay espacio para la hipótesis de un origen contractual de la sociedad. La estipulación de un pacto original de coexistencia entre humanos que vivían aislados y, en consecuencia, privados de un lenguaje, es una hipótesis caprichosa y fantástica. Es como pensar que los «caballos» pudieran llegar a hacerlo.[70] Cuando las personas se plantearon el problema de la vida en sociedad ya se estaban beneficiando de esa condición. En otras palabras, las normas y las instituciones sociales no son producto directo de la voluntad de los humanos.

Surge entonces la cuestión de por qué los seres humanos interactúan. Mandeville deja claro que lo que sirve de «aglutinante de la sociedad civil» es la «casi constante disposición [...] de las personas» a buscar la cooperación de los demás.[71] La sociedad está «enteramente edificada en base a la variedad de nuestras necesidades» y «toda la superestructura está construida de servicios recíprocos que los seres humanos se

---

sociedad se produce igual una especie de fermentación (ob.cit pp. 188-189). Mandeville vio en las relaciones sociales algo equivalente a la fermentación.

[67] *Op. cit.*, p. 89.

[68] Como escribió Dawkins (1996, p. 92) «la evolución nunca arranca de un tablero de dibujo en blanco.»

[69] Mandeville ([1714 —1729] 1924, vol. 2), pp. 287-288.

[70] *Op. cit..,* p. 132.

[71] *Op. cit.,* pp. 349-350.

prestan unos a otros.»[72] Dada su propia insuficiencia, cada persona necesita estar intercambiando continuamente lo que cada uno tiene por lo que está a disposición de otros».[73] La cooperación social es, por tanto, producto de la escasez. Para adquirir las cosas a las que atribuimos mayor importancia, entregamos a cambio lo que para nosotros tiene menos importancia. Cada uno de nosotros coopera así voluntariamente para mejorar su propia posición. Se trata de una especie de juego de estrategias en el que todos los que participan tienen ganancias. Se dice, por tanto, que es un juego de suma positiva.

Así pues, cabe preguntarse qué ha sido de aquella fractura que advertíamos entre los motivos que nos llevan a actuar y la justificación social con la que defendemos todos nuestros actos. Si todos actúan para sí mismos y para los demás, se produce una especie de división del trabajo. Y en este caso «ni la multitud [...] ni la persona en concreto tienen nada que temer.»[74]

---

[72] *Op. cit.*, p. 139. Mandeville (*op. cit.*, vol. I, p. 221) también escribió «los servicios recíprocos que todos los humanos se prestan unos a otros son los fundamentos de la sociedad».

[73] *Op. cit.*, p. 349. Mandeville (*Op. cit.*, vol. I, p. 344) afirmó también «que sociabilidad de los humanos surge solo de estas dos cosas, la multiplicidad de sus deseos y la oposición continua que encuentra a que su esfuerzo los satisfaga».

[74] *Op. cit.*, vol. 2, p. 284. Es bien sabido todo lo que insistió Adam Smith en la división del trabajo, después, Marx ([1867] 1976 vol. I, p. 374, nota 33) fue más lejos, al decir que Smith había copiado «palabra por palabra» el texto de Mandeville. En cualquier caso, vale la pena recordar que, en lo concerniente a la división de trabajo, Weber ([1917] 1949, pp. 63-64), decía que es «el elemento básico de todos los fenómenos que, en sentido amplio, llamamos *económico-sociales*». Por su parte Mises ([1933] 1981a, p. 42) escribió que la división del trabajo es el punto de partida de la teoría social. Mandeville ([1714-1729] 1924, vol. I, p. 356) era consciente de esto «[...] antes de que un vestido de fina escarlata o carmesí se pueda fabricar, toda una serie de intercambios y labores artesanales tienen que haber sido empleados». No solo se trata de cardadores de lana, máquinas de hilar, de tejer, confeccionar vestidos, de limpiadores, tintoreros, montadores, diseña-

Nuestras motivaciones no pueden determinar el valor de los servicios que proporcionamos porque son otros, ajenos a nosotros, quienes los evalúan. Son los que se benefician de ellos y dependemos de esa valoración para cubrir nuestras necesidades. Cualesquiera que sean nuestras necesidades, preferencias y deseos, lo que nos permite alcanzar nuestros objetivos es solo lo que somos capaces de hacer por los demás. Como escribió Adam Smith más tarde, cuando nos dirigimos al resto de los humanos, nunca les hablamos de nuestras necesidades sino de sus ganancias.[75] Las funciones que desplegamos en la sociedad, precisamente porque nos permiten adquirir lo que necesitamos, tratamos de llevarlas a cabo lo mejor posible y de la forma que es más aceptable socialmente.[76]

A la luz de todo esto, uno entiende la razón por la que Mandeville sugería someter la vida de las personas a una doble lectura. De una parte, tenemos que contemplarlas como seres «necesitados» que «padecen hambre y sed» y que tienen «muchas pasiones» y de otro, tenemos que observarlas «como partes y miembros de toda la sociedad; es decir, como perso-

---

dores, y embaladores; sino muchos otros en lugares remotos, incluso en el extranjero.

[75] Esta expresión fue después utilizada por Adam Smith ([1776] 1976 —83b, vol. I, p. 27).

[76] La aprobación social es por lo tanto un freno para nuestras pasiones. Porque alimenta el que la autocomplacencia se convierte en la causa del autorespeto (Mandeville [1714 —1729] 1924, vol. I, p. 129-131). Por lo que toca al control de la función de la religión, Mandeville argumentaba en la *Fábula* que la «venganza divina» y los juramentos son «de poca utilidad» sin un «poder humano que haga cumplir la obligación y castigue el perjurio (ob.cit. p. 268); también dijo que es posible considerar a una persona atea solo después de que el o ella mismo lo admita (ob.cit. p. 314) y afirmaba que «el deismo moderno no es más seguro que el ateísmo» (ibid). En su *Enquiry* (1732, pp. 23-24), sin embargo, escribió que la principal utilidad de la religión consiste en las «promesas de lealtad y compromiso solemne, con el que el poder invisible [...] es invocado y añadió que, sin creer en una causa invisible, se puede confiar en la palabra de los humanos.»

nas que para satisfacer sus necesidades, pasiones y lograr sus objetivos, tienen que conferir beneficios a los otros».[77]

En una situación así, intercambiamos medios de manera intencional, pero cooperamos sin intención alguna promoviendo los objetivos que persiguen otros que, por lo regular, desconocemos, y si los conociéramos podríamos incluso no estar de acuerdo con ellos.[78] Esta es la forma en la que nos las ingeniamos para cubrir la distancia que separa nuestros motivos personales y la justificación social que damos a nuestras acciones. Y esta es también la forma en la que nos alejamos de la idea de un orden intencional y una jerarquía preceptiva de fines. En perfecta armonía con las premisas gnoseológicas de Mandeville, este es un proceso en el que estamos forzados a admitir incluso aunque solo «unos pocos» estén dispuestos a hacerlo,[79] para cambiar nuestras «resoluciones» y actuar también en contra de nuestras propias inclinaciones.[80]

Nunca sabremos si nuestras elecciones resultarán correctas o si aquellas que han demostrado ser correctas hasta ayer lo serán hoy o mañana. El logro de los objetivos de cada uno de nosotros está impulsado por la continua corrección de los errores cometidos, que no son otra cosa sino las consecuencias inintencionadas de carácter negativo. Los planes de cada persona tienen que estar sometidos a una continua revisión. Esto se hace posible en virtud de la libertad de elección otorgada a cada persona que, sustrayendo la vida en sociedad a la voluntad de un tomador de decisiones único, moviliza una clase de conocimiento disperso, y difunde el riesgo de fracaso. Se trata de institucionalizar un proceso de *ensayo y error*. Somos ignorantes y falibles, no sabemos dónde vamos, estamos condenados a explorar lo desconocido y a corregir continuamente los errores. Y el *habitat* regulatorio en el que tenemos

---

[77] Mandeville (1723), p. 253.
[78] Hayek (1982), vol. 2, p. 109.
[79] Mandeville ([1714-1729] 1914), vol. I, p. 124.
[80] *Op. cit.*, p. 52.

que actuar, es el «gobierno de la ley» porque «infeliz es el pueblo [...] cuyo bienestar tiene que depender de las virtudes y el juicio de ministros y políticos.»[81]

Lo que hemos expuesto es la parte más fecunda de la obra de Mandeville. Pero hay otra, donde el autor formulaba sus posiciones de una forma deliberadamente provocativa. Allí fue donde escribió que «todos los humanos se esfuerzan en ocultar a ellos mismos su profunda indigencia, y los verdaderos motivos de sus corazones en el envoltorio de la sociabilidad y el interés por el bien público, donde esperan esconder sus sucios apetitos y la fealdad de sus deseos».[82] Él se preguntaba donde podría encontrar «las radiantes cualidades de los primeros ministros, y los grandes favoritos de los príncipes que tan esmeradamente fueron descritos en cuadros, memoriales, epitafios, funerales, sermones e inscripciones.»[83] Su respuesta fue: «Allí y en ninguna otra parte».[84] Y añadía: «las virtudes de los grandes» son los «grandes jarrones chinos» que

> nos mostraban una bella imagen y servían de ornamento incluso en la chimenea, y que uno podía pensar por el tamaño de su apariencia, y el valor que se le atribuía que podrían ser muy útiles, pero indagando en miles de ellos no encontraríamos sino polvo y telarañas.[85]

Esta es la razón por la que «sagaces moralistas dibujaron humanos como si fueran ángeles, esperando que la vanagloria, de al menos, alguno de ellos, fuera copiada de los originales que había representado ser.»[86]

---

[81] *Op. cit.*, p. 190.
[82] *Op. cit.*, p. 234.
[83] *Op. cit.*, p. 168.
[84] Ibíd.
[85] Ibíd.
[86] *Op. cit.*, p. 52.

Reflexionando sobre estas manifestaciones, Adam Smith hablaba de elocuencia «rústica», «muy apropiada para hacer pasar por buena la impericia,»[87] y muchos han asociado, y asocian el nombre de Mandeville, con lo que es deliberadamente provocador de su obra.[88] Esto ha constituido, y todavía constituye, un obstáculo para la comprensión de los resultados alcanzados por el autor de la *Fábula*.[89] Tenemos que olvidar la conexión con Bayle, Bayle había argumentado que «la República de las letras no es un país en el que uno pueda contentarse con las buenas intenciones»[90] y él también vislumbró «los éxitos del intercambio mutuo». Mandeville aceptó plenamente estas indicaciones y las llevó a un alto nivel de desarrollo. Como escribió Hayek con perspicacia «al suministrar transparencia sobre el proceso de coadaptación de los planes personales y el origen de normas e instituciones sociales, Mandeville nos ayuda a comprender que todo lo que es humano, es el resultado de un proceso de evolución y no del diseño deliberado.[91] Y aquí es donde radica la importancia de su obra.

2.4. ¿MERCANTILISMO O LIBERALISMO?

No obstante, a pesar de la diferencia en extensión que le dedicaron, Bayle y Mandeville siguieron la senda que les marca-

---

[87] A. Smith ([1759] 1976 —83a), p. 308.

[88] Viner (1937 p. 105, nota 1).

[89] Hayek (1978), p. 272. Como A. Schatz (1907, pp. 60-61) señalaba, cuando apareció por primera vez *La Fábula de las abejas*, fue acusado de ser «un ataque sobre la Divina Majestad de la Majestad Real» y capaz de extender la plaga en todo el Reino Unido hasta el punto «que un alma piadosa creía que era su deber destruir tan abominable libro».

[90] Bayle ([1682] 1965-70a), vol. 3, p. 3.

[91] Hayek (1978), p. 266. Magri (1987, p.xii, nota 15) sostenía que la interpretación que hace Hayek del pensamiento de Mandeville (y también del de Hume y Smith) resulta decisiva. Nos ocuparemos más adelante de este tema.

ba el orden inintencional, y lo hicieron también, a pesar del escaso conocimiento que tenían de la Economía. Con clara perspectiva mercantilista, Bayle escribió: «Envíen a descubrir oro por todas partes a sus buques, cruzando los dos trópicos, no permitan que el calor, ni el frío, ni ninguna otra cosa impidan detener la pasión por enriquecerse y así acumularán más riqueza que ningún otro país. Las finanzas serán suficientes para mantener una poderosa flota y un potente ejército».[92] Por su parte Mandeville exaltó el lujo y en algunos pasajes, lo hacía en tonos claramente mercantilistas.[93]

Sin embargo, no deberíamos olvidar que Bayle y Mandeville estaban escribiendo antes que Hume y Smith. Y, sobre todo, necesitamos tener en cuenta que el valor permanente de su obra está relacionado no con sus concesiones al mercantilismo, sino con su contribución a la formulación de la teoría de un orden no intencional. Para clarificar esta materia, una vez más vale la pena volver a analizar algunas de las opiniones más significativas expresadas por Mandeville que nos permitirán extender sus conclusiones también a Bayle.

Albert Schatz consideraba que la *Fábula de las Abejas* constituía «una obra capital, en la que uno encuentra los elementos esenciales de la filosofía económica y social del individualismo».[94] Y Kaye argumentaba que «un aspecto muy importante del pensamiento económico de Mandeville es la defensa de la «libertad de comercio».[95] Pero Eli F.

---

[92] Bayle ([1694] 1965 —70b, p. 36).

[93] El pasaje donde estos tonos son más fuertes es el siguiente: «Habida cuenta de que esta prudencia que en economía algunas gentes denominan *ahorrar*, es la forma que utilizan la mayoría de las familias para aumentar sus bienes, algunos imaginan que si un país, árido o fértil, siguiera su ejemplo (lo que ellos piensan que es posible) lograría el mismo efecto en toda la nación. Así, por ejemplo, los ingleses serian mucho más ricos de lo que son si fueran más ahorradores, como alguno de sus vecinos. Pienso que esto es un error. Mandeville ([1714-1729] 1924, vol. I, p. 182). Como es bien sabido, Keynes expresó su apoyo a estas ideas de Mandeville (1936, pp. 359-362).

[94] Schatz (1907), p. 60.

[95] Kaye (1924), p. xcviii.

Heckscher opinaba lo contrario. El vio en Mandeville a un representante del mercantilismo e interpretada su conocida declaración de que «los vicios privados, en manos de un político hábil y experimentado, pueden convertirse en beneficios públicos» como una clara expresión de la necesidad de un control político de las actividades económicas.[96]

En este punto Jacob Viner se expresó en un tono ambiguo: En principio, el escribió que: «importante para preparar el camino de Adam Smith, fue el argumento en apoyo del individualismo que elaborara Mandeville [...], apoyándose en su famosa declaración acerca de que vicios famosos como la avaricia y el lujo podían acabar convirtiéndose en beneficios públicos, una conclusión establecida así de una forma que resultaba claramente provocativa para los moralistas, pero que Adam Smith aceptó en sustancia, aunque acabó encontrando una forma más aceptable de expresarla.[97] Y no obstante, en su introducción a la reimpresión de *Una Carta a Dion,* originalmente publicada en 1732, Viner argumentó que Mandeville era «un convencido partidario del mercantilismo que prevalecía en su tiempo[98] y añadía, «de una forma no muy distinta a la de Heckscher, que la expresión «vicios privados beneficios públicos» es «elíptica» y que la afirmación según la cual, por medio de una gestión apropiada por parte de un político hábil y experimentado, los vicios privados pueden acabar convirtiéndose en un beneficio público, no es precisamente muy propicia a implicaciones que la pueden relacionar con el «laissez-faire».[99]

---

[96] La afirmación de Mandeville ([1714-1729] vol. 1, p. 369) cierra el primer volumen de la *Fábula* y se repite en el segundo (ob.cit. vol. 2, p. 319). Para su comentario véase Heckscher (1935, vol. 2, p. 293). El economista sueco reitera el concepto (*Op. cit.,* p. 319) argumentaba que la misma idea había sido expresada por Bacon «incluso unos cien años antes».

[97] Viner (1937) p. 99, nota 87.

[98] La introducción de Viner es de 1953, luego reunida en Viner (1958, pp. 332-342). La cita es de la página 341.

La discusión acerca del emplazamiento teórico de la obra de Mandeville comprende un gran número de contribuciones de la que solo cabe referirse a unas pocas.[100] Lo que necesitamos entender es que las referencias a algunas insuficiencias o sus erróneas interpretaciones de aspectos concretos de las economías de mercado, no nos deberían impedir mantener, con firmeza, lo más importante del enfoque, a saber; el que Mandeville nos ofrece una explicación absolutamente nueva del orden social Esto está inequívocamente corroborado por su crítica a Hobbes y Shaftesbury. A pesar de todas sus diferencias, estos autores mantienen una idea común, la de un orden social construido de una forma deliberadamente intencional. Y, al respecto, Mandeville escribió:

> Es verdaderamente una indignidad para un filósofo decir, como hizo Hobbes, que los humanos nacen incapaces de vivir en sociedad y sostener que no hay mejor prueba de ello que ver como vienen al mundo los niños, pero algunos de sus adversarios fueron todavía más lejos cuando afirmaron que

---

[99] Ibíd. Es claro que ni Heckscher ni Viner tuvieron en cuenta las consideraciones acerca de la imposibilidad de eludir la división internacional del trabajo. Después de concentrar la atención en la cooperación interna, el escribió. «Todas estas cosas se hacen en casa sin fatigas o peligros extraordinarios, las más temibles situaciones son dejadas atrás cuando consideramos los afanes e incertidumbres azarosas que nos esperan fuera, en los vastos mares que tenemos que atravesar, los diferentes climas a soportar, y la ayuda de las distintas naciones que necesitamos. Solo España, es cierto, puede proporcionarnos la lana para fabricar las mejores prendas, pero las habilidades y sacrificios que hemos tenido que experimentar, y la destreza requerida para teñirlas con bellos colores son otra cosa. ¡Cuán lejos y repartidos por este mundo están los productos naturales y demás ingredientes que precisamos para fabricar una caldera! Aluminio lo podemos conseguir aquí, el estiércol seco puede venir del Rhin, el sulfato de Hungría. Todo esto está en Europa, pero cuando se trata de salitre en cantidad, tenemos que ir tan lejos como a las Indias Orientales Mandeville ([1714-1729] 1924, vol. 1, pp. 356-357).

[100] Véase Rosenberg (1963), Colletti (1975, pp. 287-289), Horne (1978 pp. 51-75), Scribano (1980, pp. 184-208), Simonazzi (2015) y la bibliografía proporcionada en estos textos.

todo lo que los humanos pueden conseguir debería ser considerado como una consecuencia de su disposición innata a vivir en sociedad [...]. No creo ni lo uno ni lo otro.[101]

Insistiendo en el pensamiento del último pensador, Mandeville, observa: «Este insigne escritor (me refiero a Lord Shaftesbury en su obra Characteristicks) imagina que como los humanos los genera la sociedad, él debía haber nacido con una especie de inclinación al colectivo del que forma parte y una propensión a buscar el bienestar del conjunto».[102] Pero la sociedad no es el fruto de la «caridad». Cualquiera que crea esto cae en el «mayor de los absurdos», hace abandono de lo que constituye su «propia inteligencia» y es víctima de la «ignorancia» y el «desatino».[103] Si indagamos en lo que es la naturaleza de los entes políticos, encontraremos que nunca hubo dependencia o influencia determinante en esta clase de inclinación ya fuera para constituirlos o mantenerlos.»[104]

Es necesario hacer algunas aclaraciones adicionales. Schatz, Kaye, y antes Viner asociaron a Mandeville con el «laissez-faire», Kaye, en particular, argumentaba que Mandeville era uno de sus «precursores».[105] Y, sin embargo, si tenemos en cuenta lo que se dijo después de la publicación de los escritos de estos autores, esto es una asociación inaceptable. Esto equivale a asociar dos «tradiciones de investigación» que

---

[101] Mandeville ([1714-1729] 1924, vol. 2, pp. 177-178). Desafortunadamente la posición de Mandeville estuvo mucho tiempo asociada a la de Hobbes. La crítica que hiciera al autor del Leviathan no se tuvo en cuenta; el hecho de que estos dos autores tuvieron opiniones diferentes, Hobbes a favor de un orden social intencional y Mandeville abriendo camino al orden inintencional había sido olvidada (Hayek 1978, p. 257). Véase también Iannello (1998), pp. 120-125). Este tema lo discutiremos más adelante (capítulo 3, sección 32).

[102] Mandevilla ([1714-1729] 1924), vol. 1, pp. 323-324. Ver también Cubeddu (2015) y la extensa bibliografía indicada allí.

[103] Mandeville ([1714-1729], vol. 2, p. 121.

[104] Op. cit., pp. 182-183.

[105] Kaye (1924), p. xciii.

tienen visiones absolutamente diferentes. Mandeville basaba su análisis en los límites de nuestro conocimiento y nos mostraba la causa de la divergencia entre los intereses de las personas; él explicaba que la cooperación social voluntaria es una estrategia que beneficia a todos; y aclaraba el mecanismo a través del cual, por medio de puntos de medición como las normas y las instituciones, los planes personales se van adaptando y acaban encajando, él mostraba como, a pesar de lo que permanece constante en la vida de los seres humanos y la sociedad, las formas en las que cooperamos para llevar a cabo nuestros proyectos, están sometidas a cambios incesantes, el deja claro que el proceso social no tiene causa final y nos introdujo en el evolucionismo cultural.

En este contexto, el poder público ya no tiene el estatuto de una variable independiente. En verdad, la presencia continuada de intereses divergentes prueba que la acción humana tiene una dimensión política formidable.[106] En consecuencia, se necesita una entidad que impida a cualquiera que sea «el ejercer una fuerza arbitraria en detrimento de otros»[107] y es la autoridad pública la que debe ejercer esa función. Pero esto no es más que un complemento necesario de la cooperación social voluntaria que no dicta, ya nunca más, los contenidos de nuestras vidas. Esto implica, por sí mismo, respeto a la soberanía de la ley que viene acompañado de una estructura de instituciones completa.[108]

El *laissez-faire* es parte del repertorio de la tradición racionalista francesa. Su gnoseología postula la doctrina de la «verdad manifiesta» y no permite eludir la idea del orden intencional.[109] Es significante que en una carta a André More-

---

[106] Infantino (2020a), pp. 18-32.
[107] Hayek (1978), pp. 119-120.
[108] Hayek (1960), p. 60.
[109] Es significativo que Quesnay ([1765] 1846, vol. 1, p. 45) escribiera:» Las leyes que el autor de la naturaleza ha instituido son justas y perfectas, desde el punto de vista general, cuando se ajustan al orden y fines que él ha propuesto; ya que él mismo es el autor de las leyes y las normas».

llet, que le había enviado el proyecto para un *Diccionario del Comercio*, Hume escribiera:

> Veo que, en su proyecto, tiene usted buen cuidado de no molestar a sus economistas [François Quesnay y los fisiócratas] y alabo su prudencia. ¡Pero espero que su obra les fulmine y los machaque, reduciéndolos a polvo y cenizas! En realidad, son el conjunto de personas más quiméricas y arrogantes que existe hoy [...] Le pido perdón por decirlo de este modo, sabiendo que es usted parte de ese venerable grupo.[110]

Si entramos en más detalles, tenemos que señalar, de acuerdo con Joseph Schumpeter, que Quesnay instaba a que el gobierno practicara una política de activa intervención, y no adoptara la de no hacer nada. Es más, a pesar de su condena total de las regulaciones o el control gubernamental, es relevante observar que a lo que él, realmente, estaba haciendo frente, era a las intervenciones heredadas del pasado, y que no encajaban en las condiciones del momento; la regla del *laissez-faire* adquiere, en este caso, un significado relativo que difiere en gran manera de lo que su expresión sugiere. Por último, no podemos olvidar que la agricultura francesa, en 1760, no estaba interesada en el proteccionismo; no había peligro, por lo regular, de que hubiera que importar grandes cantidades de trigo, y la libertad de comercio para los productos de su

---

Invitado a Moscú por Catalina de Rusia cuando la soberana le preguntó en qué consiste la «ciencia del gobierno», Mercier de la Rivière respondió: «En el estudio de las leyes que Dios tan manifiestamente ha impuesto en la sociedad humana desde el tiempo de la Creación. Querer hacer más sería un gran error y una empresa desastrosa» (Thiébault, 1860, vol. 3, pp. 167-168). Este episodio también es recordado por Oncken (1902, vol. 2, pp. 421-422). Para una crítica de las conclusiones alcanzadas por el «laissez-faire», véase Cairnes (1873, p. 262).

[110] Greig (1932), vol. 2, p. 205. Como recordaba Schumpeter (1954, p. 138, nota 27) los materiales de Morellet fueron utilizados por Jacques Peuchet en su *Dictionnaire Universel de la geographie Commerçant*.

agricultura, probablemente lo que hubiera ocasionado era un aumento de los precios.[111]

El *laissez-faire* era, en definitiva, una simple regla «para andar por casa»[112], una aproximación para salir del paso, y lo que es peor, había servido para bosquejar un diseño muy poco atractivo. Con su habitual perspicacia, Alexis de Tocqueville nos recordaba:

> El gobierno civil, como decían los economistas, no tiene solo que gobernar, tiene que modelar la nación. Tiene que formar la mente de los ciudadanos, conforme a un modelo preconcebido. Es su deber llegar a ocupar sus mentes con esa misma clase de opiniones y puntos de vista, y sus corazones con los sentimientos que considere necesarios, sin opción posible. De hecho, no hay límites a sus derechos y poderes. Tiene que transformar y también reformar a las personas, incluso crear una persona nueva, si piensa que esto encaja en su proyecto. El gobierno civil dice Bodeau «moldea los humanos en la forma que le place». Esta sentencia es la esencia de todo el sistema.[113]

Por lo tanto, lo que se establece es un orden social intencional en toda regla.

---

[111] Schumpeter (1954), pp. 230-231.

[112] Hayek (1982) vol. I, p. 62.

[113] Tocqueville (1856), p. 197. Vale la pena recordar que Mercier de la Rivière ([1767] 1846, vol. 2, pp. 536-537) sostuvo la naturaleza evidente del orden esencial de toda sociedad y, añadió que esa evidencia siempre tiene la misma autoridad, no es posible para la evidencia de ese orden ser manifiesta y pública, sin gobernar despóticamente. Tocqueville (1856, p. 198) añadía: no encontrando nada que pareciese «conformable» a su ideal fueron al corazón de Asia en búsqueda de un modelo. No exagero cuando afirmo que todo lo que ellos escribieron, en algún lugar o en otro, constituya un enfático elogio de China.

Como China es algo imperfectamente conocido aun en nuestros días, en sus libros con toda seguridad es seguro que encontraremos al menos que sus exposiciones del tema son, por regla general, un puro sinsentido.»

Así pues, la obra de Mandeville no tiene conexión con el *«laissez-faire»*. A diferencia de una norma que solo sirve para «salir del paso» o «andar por casa», a la hora de resolver un problema menor, son profundas razones las que llevaron al autor de la *Fábula* a apoyar la libertad de comercio. Sus postulados gnoseológicos eran muy diferentes a los que servían de apoyo a los fisiócratas. Su idea de un orden no intencionado nos permitía abrir nuevos horizontes inexplorados, que son los que definen las fronteras entre dos formas opuestas de considerar la vida personal y la colectiva, y que sirven para caracterizar el inicio, propiamente dicho, de las ciencias sociales.[114]

---

[114] Haciendo uso del pasaje que Ortega y Gasset ([1930] 1946-83g, p. 177) escribió en otro contexto, uno podría decir que la innovación que nos aportaba la obra de Mandeville situaba al humano medio, -la gran masa social—, en condiciones de vida que son radicalmente opuestas a las que siempre lo habían rodeado. Esto modificó la vida pública de arriba a abajo [,,, e introdujo] un nuevo orden que ha derrocado el tradicional.

CAPÍTULO III

FRANCIS HUTCHESON Y DAVID HUME

No tenemos prueba alguna en sus disposiciones para saber cómo podrían haber sido ideadas sus constituciones y por lo tanto tenemos que concluir que hay una mente superior que lo regula todo (Francis Hutcheson).

Cuando [los filósofos hablan como] sacerdotes y poetas [...] Yo pregunto: quién los lleva a las regiones celestiales, quién los admitió en los consejos de los dioses, quién les abrió el libro del destino [...]... (David Hume).

3.1. ENTRE EL PASADO Y EL FUTURO

Como Leslie Stephen dijo, «mientras que [...] la concepción teológica más antigua del universo estuvo aceptada sin vacilar, la única investigación moral que tenía probabilidades de prosperar tiene que utilizar argumentos hábiles pero engañosos o discusiones como las que plantean las disposiciones de códigos legales cuyo origen y sanción sean lo suficientemente claros».[1] «Especulaciones de mayor amplitud, respecto a la moralidad tienen lugar tan pronto como la visión de Dios se

---

[1] Stephen (1902), vol. 2, p. 2.

ha desplomado».[2] La prohibición de matar ya nunca más será pronunciada por la deidad. Pero «el sentimiento que la desaprueba sobrevive, tan claro, como con el carácter divino de la prohibición»[3] y la moralidad se identifica con la ley positiva. De ahí que el mal sea lo que el legislador prohíbe y el bien lo que admite.[4] La compatibilidad de las acciones humanas se considera que es resultado intencional de las prescripciones de un único decisor.

No fue fácil liberarse de la idea según la cual detrás de la compatibilidad de las acciones humanas había siempre una mente que lo disponía así. Muchos años después de la obra de Mandeville, James McCosh escribía:

> El autor ha sabido captar [...] una verdad importante y positiva, la explicación de lo que nos introduce en uno de los misterios más profundos de la providencia, según la cual del vicio puede derivarse algo bueno y Dios gobierna este mundo a pesar de su maldad, y por medio de la misma pero sin identificarse con ella. [Y sin embargo] Mandeville no fue capaz de resolver el problema profundo y al tratar con el mismo utiliza expresiones que parecen tratan de justificar, o al menos mitigar, el vicio.[5]

Aquí puede verse cómo MacCosh se centra en la parte «escandalosa» de la obra de Mandeville, pero no en la más original e innovadora.

Por su parte, Élie Halévy argumentaba que en Mandeville hay una «identidad natural de intereses».[6] Esto es un completo error porque si hay una «identidad natural de intereses», el orden social ya está dado. Hay una Naturaleza o un Dios que ha actuado y actúa por nosotros y que hace nuestras acciones

---

[2] Ibíd.
[3] Ibíd.
[4] *Op. cit.*. p. 5.
[5] McCosh (1875), p. 56.
[6] Halevy ([1901] 1972), p. 16.

compatibles. Por tanto, a los humanos les resuelven el problema. El orden resultante responde a un acto de voluntad misterioso e intencional. Esto es exactamente lo opuesto a lo que Mandeville argumenta, porque en sus escritos (como ya hemos puesto de manifiesto) la compatibilidad de las acciones de los humanos se logra a través de un proceso permanente de adaptación.

Los primeros en asumir el legado de Mandeville fueron los representantes de la Ilustración Escocesa. Pero esto exige hacer serias clarificaciones. Sir William Hamilton identificó a Gershom Carmichael como el «fundador real de la Escuela Escocesa de Filosofía.[7] En realidad, Carmichael fue el que ocupó la primera cátedra de Filosofía Moral en la Universidad de Glasgow. A continuación, después de una elección controvertida, le sucedió Francis Hutcheson. Y es a este último al que McCosh atribuyó el mérito de haber sabido expresar lo que constituyen todas las «características de la escuela»[8] que es un juicio que terminó consolidándose con el transcurso del tiempo, hasta el punto de que Hugh Trevor-Roper considera al filósofo irlandés como «el maestro de todos ellos, el fundador de la nueva Filosofía Escocesa».[9]

No obstante, la cuestión que importa no es a quién se otorgue esta clase de prioridad. Viendo cómo Carmichael y Hutcheson abordaron el problema del orden social, viendo que los dos fueron incapaces de liberarse de la idea de que la compatibilidad de las acciones humanas está ordenada de antemano por la divinidad,[10] desde nuestro punto de vista

---

[7] McCosh (1875), p. 36.
[8] Ibíd.
[9] Trevor-Roper (1967), p. 1639.
[10] Evidentemente esto no descarta desacuerdos también en otros temas. En el prefacio a su *Synopsis Theological Naturalis*, Carmichael (1789, pp. 9-12) argumentaba con Hutcheson, sin nombrarle, objetando que el amor que nos profesamos a nosotros mismos no es un motivo de la acción censurable y añadía que perseguir los propios intereses no es una ofensa a Dios o a la moralidad. Véase Mautner (1993), p. 68. Mas adelante veremos

ninguno de los dos merece precedencia alguna. Fue David Hume quien tomó la senda del orden no intencionado, Y aunque esto, por un lado, le ganó la hostilidad de Hutcheson, por otro, vino a establecer una fractura insalvable entre dos formas de concebir la vida personal y la colectiva.

3.2. HUTCHESON SOBRE LOS HOMBROS DE SHAFTESBURY

Fue el propio Hutcheson quien ponía de manifiesto con toda claridad sus coordenadas culturales. En su libro de 1725, *An Inquiry into the Original of our Ideas of Beauty and Virtue*, en el subtítulo de la obra escribía que era su deseo explicar y defender los *principios del último Conde de Shaftesbury contra el autor de la Fábula de las Abejas*. Esto sirve para confirmar la deuda intelectual contraída por Hutcheson con Shaftesbury.[11] Y también sugiere, sobre todo, que consideraba la obra de Mandeville como un restablecimiento, de la forma más peligrosa y diferente, de los principios que servían de base al sistema de Hobbes, lo que confirma también las tres cartas contra Mandeville publicadas al año siguiente en el *Dublin Journal*.

Por lo tanto, podemos decir que mientras el blanco de las polémicas de Shaftesbury era Hobbes, el de Hutcheson era el autor de la Fábula de las abejas. Él actuaba como si la crítica de Mandeville a Hobbes nunca hubiera sido formulada[12] y esto favoreció la difusión de una interpretación que, incluso muchos años después, sostenía que fue Mandeville «quien en su horrible y jocoso lenguaje señalara la enorme fuerza del

con toda claridad que para Hutchenson, el amor a nosotros mismos y la persecución de nuestros intereses es un objetivo polémico permanente.

[11] Como es sabido, fue Robert Molesworth quien tuvo cordiales contactos con Shaftesbury e introdujo a Hutchenson en las obras del inglés. Véase McCosh (1875), p. 55.

[12] Para la crítica de Mandeville véase el capítulo anterior (sección 2.4).

egoísmo humano en todos los asuntos de este mundo, para destacar la solución teórica de Hobbes.»[13]

Inmediatamente Hutcheson dejaba claro que había una «caridad universal»[14] que cabe comparar con el «principio de la gravitación universal» que se aplica a todos los cuerpos del universo,[15] aumenta cuando la distancia está disminuyendo y es la más fuerte cuando entran en contacto unos con otros.[16] Este incremento cabe observarlo, sobre todo, en el caso de los héroes y los legisladores que mantienen los fuertes lazos de amistad, vecindad y asociación que son necesarios «para el buen gobierno de la sociedad humana».[17]

Enfrentado a la obra de Mandeville declaró que el amor a uno mismo es «imposible»[18] y se preguntaba: si privados de un sentido de la moralidad estaríamos en condiciones de poder apreciar a aquellos de nosotros que aman hacer el bien a los demás.[19] A lo que respondía con un no rotundo, porque sin sentido moral no cabía hacerse una idea de la naturaleza de esa clase de comportamiento[20] y consideraríamos a los demás como «hipócritas» y «rivales.»[21] Ellos no podrían nunca inducir en nosotros la admiración de la virtud o virtudes de los demás.[22] Nos llevarían a considerar las ventajas y desventajas de las acciones.[23] Y, no obstante, «si suponemos que los humanos por naturaleza tienen un sentido de la bondad al

---

[13] Robertson (1900), pxxxix. La expresión «horrible y jocoso lenguaje» testifica lo que ya anticipamos en el capítulo anterior, que la parte deliberadamente provocadora de la *Fábula* había dañado la comprensión y aceptación de la obra de Mandeville.

[14] Hutcheson (1725), p. 198.

[15] Ibíd.

[16] *Op. cit.,* p. 199.

[17] Ibíd.

[18] *Op. cit.,* p. 204.

[19] *Op. cit.,* p. 205.

[20] Ibíd.

[21] Ibíd.

[22] Ibíd.

[23] Ibíd.

actuar y son capaces de amar con desinterés, todo discurre con facilidad.[24] Si carecemos de sentido moral, no podemos enjuiciar las acciones, nos limitaríamos a considerar si son ventajosas o no para nosotros y no podríamos honrar o amar a aquellos que actúan en bien de los demás o mostrar consideración por lo que hacen».[25] Sin el principio de la caridad, podríamos llegar a formarnos una idea metafísica del bien de los demás, pero no podríamos desear algo más allá de lo que constituye nuestro propio interés.[26] Por lo tanto, la virtud acaba convirtiéndose en

> un producto de la adulación generadora de un orgullo en el peor sentido de esta palabra es la cría de la ignorancia de nuestro sentido moral, la adulación es astuto soborno que no busca otra cosa que satisfacer nuestros propios intereses.[27]
>
> Hutcheson no se detenía allí. Él también especificaba que «las viejas nociones de las inclinaciones naturales, las clases de instintos, el sentido del común de las gentes, el decoro y la honestidad, habían sido casi desterrados de nuestros libros de moral, ya nunca tendremos que oír hablar de estas cosas en nuestras disertaciones públicas por temor de las ideas innatas; todo tiene que ser interés y egotismo».[28] Y objetaba «la virtud misma o las buenas disposiciones de la mente no se enseñan o forma parte de la instrucción que se imparte»[29] son producto del Gran Autor de todas las cosas, que es el que ha dado forma a nuestra naturaleza.[30] De manera más precisa, la virtud está constituida por el «amor, la gratitud y la sumisión a la deidad, y toda clase de inclinaciones benévolas para con nuestros semejantes, así como el estudio de lo que constituye la máxima bondad».[31] Y entonces, en un

---

[24] Ibíd.

[25] *Op. cit.,* pp. 205-206.

[26] *Op. cit.,* p. 206.

[27] Ibíd.

[28] Hutcheson (1750), p. 7.

[29] Hutcheson (1925a), p. 253.

[30] Ibíd.

[31] Hutcheson (1750), p. 53.

intento para reforzar su posición, no duda en declarar que «todas las sectas, salvo los Epicúreos, debido a que esta clase de inclinaciones eran naturales a todos los humanos, y apelar al bien de todos es la forma más segura de alcanzar la felicidad personal, es así como conseguiremos ser felices según la naturaleza y la recta razón».[32]

Stephen escribió, con acierto, que la teología de Hutcheson «difiere de la de Staftesbury porque él sentía la necesidad de atribuir al Creador «una personalidad ligeramente distinta; el Padre de todos no está tan estrechamente identificado con la naturaleza.[33] Esta es la razón por la que, en su conferencia inaugural de Glasgow en 1720, después de alabar las éticas de los «antiguos» y reconocer que no había sido desdeñada por Richard Cumberland, Hutcheson añadía «que fue el ilustre Lord Shaftesbury, un hombre que combinaba la nobleza de la mente y la de la cuna, quien dio la mejor y la más cuidada explicación de este tema, aunque en otros aspectos él se expuso a la censura de los teólogos. Por mi parte no puedo plantear ciertamente objeción alguna».[34]

¿De qué se trata? Shaftesbury había intentado borrar el elemento sobrenatural de la religión, reteniendo lo divino.[35] Esto significa que, en su sistema «Dios ya no sería nunca un gobernante, externo al mundo, sino una fuerza inmanente a todo.[36] Como creyente, Hutcheson no podía asumir esa posición; y como miembro de su mundo, él no se sentía capaz de defenderlo públicamente. Sin embargo, tratando de dar consistencia a doctrinas que «están en estado de solución dentro de la elocuencia» más bien turbia de Shaftesbury, él hizo del *sentido de la moralidad* la «piedra angular de un sistema elaborado».[37]

---

[32] Ibíd.
[33] Stephen (1902), vol. 2, p. 57.
[34] Hutcheson (1739), p. 136.
[35] Stephen (1902), vol. 2, p. 27.
[36] Ibíd.
[37] *Op. cit.,* p. 57. Evidentemente la «tendencia natural a la virtud» entra en conflicto con el «dogma de la corrupción humana» (*op. cit.*), p. 29. Que

El atribuía a los seres humanos una «aptitud» de la que supuestamente eran portadores ya en su origen; que es como decir que Dios creó las condiciones para que la coexistencia entre sus creaturas fuera posible. La compatibilidad entre acciones independientes, de unos y otros, estaría pues asegurada de antemano. Mediante una intervención en el inicio, el orden social ya estaría decidido por la Divinidad, un ente al que Hutcheson llamó en repetidas ocasiones la «Mente Original» o el «Ser Original».

¿Podemos de esta forma eludir las consecuencias no intencionadas? Fue el propio Hutcheson quien admitía que las acciones que aparentemente producen efectos positivos pueden, en otro momento, producir resultados negativos y al revés.[38] Ni el sentido de moralidad que Dios imprime en nosotros puede liberarnos de la «parada de las consecuencias». Esto obligó a Hutcheson a tener que refugiarse en la justificación de que «no hay ningún mal permitido que no sea necesario para la consecución de un bien superior».[39] De lo cual se sigue que no hay solo un orden benevolentemente querido por Dios», hay también un destino que está por hacer, resultado

---

hace «superflua la revelación y da «apoyo al deísmo». Esta es la razón por la que los críticos nunca han desdeñado el vínculo de Hutcheson y Shaftesbury. Es una conexión que siempre sale a la superficie. Es bien sabido que Shaftesbury mismo había afirmado que no hay virtud en aquellos que hacen el bien para recibir a cambio una recompensa o por temor a ser castigados. Shaftesbury ([1711] 1900, col. 2, p. 267). Y Hutcheson (1725b, p. 103) decían que la auténtica virtud es practicada, sin pensar en recompensas o castigos futuros, aunque en algún momento dijo que «las consideraciones acerca de recompensas y castigos son inútiles y los únicos medios para mantener las «pasiones egoístas» a raya. Además, en su *System of Moral Philosophy,* Hutcheson no dudó en exaltar la naturaleza, de forma no muy distinta a lo que hiciera Shaftesbury (Hutcheson 1755, p. 169-170).

[38] Hutcheson (1725a, p. 161) tuvo que reconocer que una acción considerada apropiada para la consecución de un cierto objetivo puede lograr otro diferente. Y no tuvo más remedio que admitir que «en muchos casos nuestros actos consiguen exactamente lo contrario de lo que se había planeado.

[39] Hutcheson (1755), p. 198.

de un proceso del que no sabemos nada, que está muy presente en la mente divina y que nos hace sufrir males únicamente bajo la esperanza de que puedan llevarnos a la consecución de un bien superior. El objetivo que se nos promete es una garantía de la justicia de Dios.[40]

Es por tanto obvio que la obra de Mandeville pertenece a territorio absolutamente distinto al de Hutcheson, sin ocultar su desprecio que le mantenía a salvo y a distancia. Podía, al menos, haber hecho algún esfuerzo para intentar comprender las dinámicas de la cooperación social propuestas por Mandeville. En su lugar, irrevocablemente unido a la posición según la cual «si no tenemos ninguna otra idea buena, sino la de nuestra propia ventaja, todo ser racional tiene solo que actuar persiguiéndola[41] y, sin caer en la cuenta de que cada una de nuestras acciones se cruzan con las de otros. Por tanto, él se negaba la posibilidad de llegar a entender que lo que más importa en las relaciones intersubjetivas no es la motivación del que actúa sino lo que él necesita hacer para obtener de los demás, los medios que precisa para lograr sus objetivos. En otras palabras, él descartó lo que nos permite llegar a alcanzar una concepción del orden social donde quienes actúan, cualesquiera que sean sus creencias religiosas o ideas terrenales, intencionalmente intercambian medios e inintencionalmente cooperan en la consecución de los objetivos de otros. Esto significa que quienes actúan no están sometidos a lo que pueda imponer una jerarquía de objetivos, porque operan con escalas de prioridad distintas.[42]

---

[40] En palabras de Hume ([1748] 1902a, p. 128) que ya hemos aclarado en el capítulo 1, se podría decir que en Hutcheson encontraremos «todo un trabajo infructuoso destinado a salvar el honor de los dioses en todos los infortunios que nos presenta la naturaleza y nos ofrece la vida, aunque tengamos que reconocer la realidad de que el mal y el desorden abunda por todas partes en este mundo.

[41] Hutcheson (1725a), p. 138.

[42] Si Hutcheson lo hubiera entendido, la expresión «el bien del conjunto» que presupone una jerarquía de fines superior y excluye la posibilidad de escalas de prioridad independientes, no hubiera aparecido tan a menudo en sus páginas. Esto es exactamente la visión colectiva que demolía Mandeville y aquellos que siguieron su trabajo pionero.

Así como Hubbes y Mandeville, de manera absolutamente incorrecta fueron integrados en el mismo pelotón, como ya hemos mencionado, Hutcheson criticó a Bayle, con cuyos trabajos estaba bastante familiarizado.[43] Pero no se benefició de ello, a la vista del contenido altamente significativo de un pasaje de su *Pensées Diverses*, donde se deja sentir la presencia de Occam:

Las escuelas de teología como también las de filosofía, nos advierten para no multiplicar, ya sean los seres, ya sean los milagros, sin estricta necesidad y por tanto nos autorizan a rechazar todos los supuestos que, aun no causando daño, estén privados de utilidad. De acuerdo con este principio uno nunca debería invocar los milagros cuando las cosas pueden explicarse de forma natural, y si nos parecen completamente inútiles e incluso contrarias a la santidad del creador, uno no debería suponer una extraordinaria intervención divina en la producción de un efecto.[44]

3.3. HUME TRAICIONADO POR HUTCHESON

Como es bien sabido, la publicación de los dos primeros volúmenes de su *Treatise of Human Nature* fue recibida con frialdad. Pensando en una posible carrera académica, Hume preguntó a Henry Home (más tarde Lord Kames) si podía ponerle en contacto con alguien que pudiera hacer una lectura cuidadosa y seria de su obra.[45] No sabemos realmente cómo resultó aquella gestión. No obstante, no hay duda de que Hume trataba de ganarse la estima y el apoyo de Hutcheson. Lo que explica por qué no dudó en enviar el manuscrito del tercer volumen al profesor de Glasgow. La carta que contiene los comentarios de Hutcheson se ha perdido. Pero la

---

[43] Hutcheson también criticó en repetidas ocasiones el trabajo de Epicuro y no escatimó las dirigidas a Lucrecio (véase Hutcheson 1755, p. 111).

[44] Bayle ([1682]1965-70a), p. 137.

[45] Carta de 17 de septiembre 1739, en Greig (1932), vol. I, pp. 32-33. Ver también Scott (1900), p. 116 y Mossner (2001), p. 134.

respuesta de Hume ocupa un lugar importante en la historia de las ideas.

Después de agradecerle la atención prestada a su trabajo, la persona que más tarde sería conocida como *el buen David*, escribió:

> lo que más me ha conmovido de sus observaciones es aquella según la cual parece que no defiendo con pasión la virtud, y usted considera que todas las buenas personas deberían apreciar calurosamente la causa de la virtud. Hay diferentes formas de examinar la mente y el cuerpo. Uno puede considerarlo como hace el anatomista o como lo hace el pintor, ya sea para descubrir la elegancia o la belleza de sus acciones Imagino que es imposible reunir juntos todos estos puntos de vista. Donde usted retira la piel, y deja a la vista todas las diminutas partes, aparece algo que es trivial, incluso en las aptitudes más nobles y las acciones más vigorosas, usted no puede devolver al objeto su decoro o atractivo sin volverlo a revestir con su piel y carne, para presentarlo de nuevo desnudo [...]. Me temo que cualquier sentimiento moral en medio de un razonamiento abstracto no sería de buen gusto.[46]

En su *post scriptum* a la carta, Hume continuaba diciendo:

> Usted es un gran admirador de Cicerón, como yo. Por favor revise el cuarto volumen de su *Definibus bonorum et malorum*, donde le verá probando contra los *Estoicos* que, si no hay otros bienes sino la virtud, es imposible que pueda haber virtud, porque la mente desearía entonces todos los motivos para iniciar sus acciones [...]. Esto viene a probar que cada acción virtuosa debe tener un motivo o pasión que le impulse, distinto de la virtud y que ésta nunca puede ser el único motivo de cualquier clase de acción.[47]

---

[46] La carta de 17 de septiembre de 1739, en Grieg (1932) vol. i, pp. 12-33. La metáfora del anatomista y el pintor se puede encontrar también en la última página de *Treatise*. Véase Hume ([1739-1740] 1930, vol. 2, p. 312).

[47] Grieg (1932), vol. 1, p. 35.

Considerando estas declaraciones que son ya muy indicativas de la distancia que le separaba del filósofo de Glasgow, uno se puede preguntar cuál de los temas discutidos condujo a Hume a pensar que podía conseguir la atención de Hutcheson. Hume era un crítico incansable del racionalismo ético. Al comienzo del tercer volumen de su *Treatise* dejaba claro que las «normas de moralidad [...] no son conclusiones de nuestra razón.»[48] Esto le condujo a su desacuerdo con Locke. Este había argumentado que cabía situar «la moralidad entre las ciencias capaces de demostrar sus hallazgos y había añadido que no abrigaba duda alguna de que cabía encontrar «proposiciones que son auto evidentes, consecuencias necesarias e incontestables como las de los matemáticos y medidas correctas o erróneas como las que, a menudo, se hacían.»[49] A esto Hume objetaba que:

> Hay una opinión, con ahínco difundida por ciertos filósofos, según la cual la moralidad es susceptible de demostración, y aunque nadie nunca ha sido capaz de dar un solo paso para llevar a cabo esa clase de demostraciones, se da por garantizado que la ciencia de la moralidad llegará a proporcionarnos la misma certeza que la geometría o el álgebra.[50]

Hume probablemente creía que su crítica a la idea de la racionalidad, para construir las normas de moralidad, le granjearía el apoyo del Hutcheson. Pero los dos pensadores arrancaban de premisas dispares y perseguían objetivos diferentes, y esto pronto tendría consecuencias.

A pesar de sus relaciones cordiales y educadas, cuando se abrió la posibilidad de acceder a una cátedra de filosofía

---

[48] Hume ([1739 —1740] 1930), vol. 2, p. 167.
[49] Locke ([1690] 1924), p. 277.
[50] Hume ([1739 —1740] 1930), vol. 2, p. 172. Sobre este punto ver Raphael (1974), pp. 14-29.

moral en la Universidad de Edimburgo entre 1744 y 1745,[51] Hutcheson se decantaría por aquellos que se oponían a la candidatura de Hume. Como escribió William R. Scott, Hutcheson animó a Hume para que continuara su investigación, pero consideraba que su posible influencia como profesor en la universidad sería «perniciosa» y él no tuvo escrúpulos, cuando consideró que era su «deber», advertir en este sentido a las autoridades competentes si elegían a Hume como profesor de «filosofía moral».[52] En este caso también las creencias religiosas tuvieron un carácter decisivo para determinar la actuación de Hutcheson.[53]

En su prefacio al *System of Moral Philophy* que apareció póstumamente en 1755, William Leechman fue el primero en dar una explicación de la vida y la obra de Hutcheson,[54] pero Leechman descartó totalmente la crítica que Hutcheson había escrito acerca de *La Fábula de las Abejas*. La monografía que se cita más a menudo sobre la obra de Hutcheson es la de Scott. Y, no obstante, Scott hizo escasa e inconsecuente mención del total rechazo que el filósofo irlandés había reservado para con la obra de Mandeville.[55] Aunque él podría haber dicho más, Kaye no fue mucho más allá de una nota sobre el tema en su cuidada edición de *La Fábula*. El veía en Hutcheson el

---

[51] Sobre estas expectativas frustradas de Hume, baste decir que incluso en la conocida *Carta de un Caballero a su Amigo en Edimburgo,* con la que intentó defenderse de las acusaciones que le presentaban como un enemigo de la religión y la moralidad, que dirigieron contra él la mayoría de los clérigos de la iglesia Presbiteriana y en especial el reverendo William Wishart, Rector de la Universidad de Edimburgo, Hume declaraba estar de acuerdo con todos los antiguos moralistas y con Mr. Hutcheson, profesor de Filosofía Moral de la Universidad de Glasgow (Hume [1745] 1967, p. 30).

[52] Scott (1930), p. 128. Ver también Mossner (2001), pp. 153-158. Como es bien conocido Hume intentó, por segunda vez, obtener cátedra en la universidad. Fue en 1751 en la de Glasgow. Pero en esta ocasión su candidatura fue rechazada.

[53] Scott (1900), p. 21.

[54] Leechman (1755), pp. i-xlviii.

[55] Scott (1900), p. 35.

«oponente más persistente de Mandeville»[56] y señala que el filósofo de Glasgow era uno «de los más destacados discípulos de Shaftesbury,»[57] pero a esto no añadía nada más. Y Ernest C. Mossner aunque proporcionó una extensa narración de los acontecimientos que condujeron a rechazar la candidatura de Hume, escribió que «presumiblemente Hutcheson pensaba que Hume no era apto para regentar una cátedra a la que el Senado de la Universidad habría impuesto a quien la ostentara [...] el deber de reconciliar la Filosofía Moral con la Divinidad».[58] Ni siquiera mencionaba la posibilidad de que la oposición de Hutcheson a la candidatura de Hume pudiera deberse a la deuda intelectual de Hume con Mandeville.

El hecho es que si tenemos en cuenta que Hutcheson aprovechaba cualquier oportunidad que se le presentase para atacar *La Fábula de las Abejas,*[59] nos estamos negando la oportunidad de entender las razones por las que la más ligera referencia a Mandeville, colocaba a Hume en desventaja: porque él ponía de manifiesto una conexión cultural contra la que Hutcheson, sin ni siquiera entender su alcance, luchaba con todas sus fuerzas.

Teniendo esto en cuenta, es posible ahora hacer unos comentarios adicionales a la antes mencionada carta de septiembre de 1739. Hemos visto que con ella Hume trató de defender su posición haciendo referencia a Cicerón. El afirmaba haber extraído la idea de que «si no hay otros bienes que no sean virtuosos es imposible la existencia de la virtud», del volumen cuarto de su *Definibus bonorum et malorum.* En realidad, incluso si fuera posible encontrar esa idea en esa obra, tenemos lo que Cicerón sostiene en otra dirección en

---

[56] Mandeville ([1714-1729] 1924), vol. 2, p. 345, nota 1.

[57] Ibíd.

[58] Mossner (2001), p. 157.

[59] Hayek (1978), p. 252. Por tanto, no es suficiente argumentar que Hutcheson y Mandeville tenían concepciones antropológicas diferentes (véase Norton 1982, pp. 60-61). Uno tiene que subrayar claramente la hostilidad del primero con el último.

sus escritos. Basta con pensar lo que afirmaba en *De efficiis*. Pero Hume necesitaba encontrar algo que no suscitara sospechas, una fuente que Hutcheson no pudiera enjuiciar con hostilidad (Epicuro, Lucrecio, Bayle o Mandeville). Y no obstante, a pesar de la *artimaña*, Hutcheson consideró que tras de Hume se seguía advirtiendo la presencia del autor de la *Fábula de las Abejas* que en cualquier caso estaba mencionado en la introducción al *Treatise*.[60]

Para lo que perseguimos en nuestra discusión no tenemos que dejar a un lado el hecho de que lo que Hume veía en Mandeville era algo diferente de lo que veía Hutcheson. La atención de este último se centraba sobre todo en las «provocativas» expresiones contenidas en la denostada *Fábula* y en sus comentarios en prosa.[61] Hume dejaba a un lado todo eso, el identificaba algo nuevo en la obra de Mandeville, a saber: «el descubrimiento» de que la sociedad es un *cosmos* o un orden no intencionado.[62] Que es tanto como decir que detrás de la vida en sociedad y sus instituciones no hay un diseño ni humano ni divino. En la mencionada carta de 1739, después de haber reprochado a Hutcheson por utilizar una concepción basada en las «causas finales» (un argumento considerado un tanto incierto y antifilosófico). Hume le hacía las siguientes preguntas: ¿Por favor, cual es el fin de los humanos? ¿Han sido creados para ser felices o para practicar la virtud? ¿En favor de sí mismos o para el del Creador?[63] Evidentemente

---

[60] Hume ([1739-1749] 1930, vol. 1, p. 6, nota 1.

[61] Hutcheson (1750, p. 67), escribió: «Por tanto podemos ver qué poco fundamento tienen los vicios, ya se consideren necesarios o realmente subordinados a la prosperidad pública, incluso dentro de nuestra actual corrupción».

[62] No es ninguna sorpresa que Hayek (1978, p. 264) también argumentara que la obra de Hume tiene el mérito de aclarar la importancia del trabajo de Mandeville.

[63] Greig (1932), vol. i, p. 33. Es más, en la introducción a su *Treatise*, Hume escribió «cualquier hipótesis que pretenda descubrir las cualidades originales últimas de la naturaleza humana, debería ser rechazada por presuntuosa y quimérica».

Hutcheson nunca podía aceptar que sus creencias religiosas pudieran perder fuerza lógica o moral y convertirse en una elección personal[64] y no podía tener que aceptar que derivan de ello.

3.4. HUME EL ORDEN ININTENCIONAL

En la primera página del tercer volumen del *Treatise*, Hume escribió: «La moralidad es un tema que nos interesa más que ningún otro y en todas las decisiones que le conciernen, nosotros amamos la paz de la sociedad que está en juego».[65] Esto quiere decir que el objeto de la moralidad es el problema del orden social. Hume rechazaba enérgicamente la posibilidad de referirlo todo a la voluntad del Creador o a una clase de deidades invisibles[66] y al mismo tiempo rechazaba la idea de

---

[64] Esto deriva directamente de una carta que Hutcheson envió a Henry Home en Abril de 1739 en la que el filósofo de Glasgow se quejaba de la longitud del *Treatise*, razón por la cual no había terminado de leerlo y se mostraba desasosegado por la actitud de Hume hacia la religión (ver Ross 1966, pp. 69-72). Esto significa que incluso sin tener en cuenta las cuestiones que le planteaba en su carta Hume, la teoría de la causación expuesta en el primer volumen del *Treatise* ya había alarmado a Hutcheson. Sobre las consecuencias de esta teoría sobre la religión «véase McCosh (1875), pp. 145-147.

[65] Hume ([1739-1740] 1930), vol. 2, p. 165.

[66] Hume ([1757] 1889, pp. 10-12) no estaba ciego y era consciente de que: «Estamos situados en un mundo donde el origen auténtico y las causas de los acontecimientos son enteramente desconocidos para nosotros, y tampoco tenemos la inteligencia suficiente y los conocimientos necesarios para predecir y poder impedir aquellas maldades que continuamente nos estén amenazando. Nos encontramos de continuo pendientes entre la vida y la muerte, la salud y la enfermedad, la abundancia y la escasez que se distribuyen, entre los humanos, según causas ocultas y desconocidas que operan inesperadamente y siempre sin dar explicaciones [...]. No puede extrañarnos, en semejante situación de ignorancia absoluta sobre las causas, que los seres humanos estén angustiados por lo que el futuro pueda repararles, se sientan inclinados de inmediato a recurrir a toda una serie de poderes invisibles, dotados de sentimientos e inteligencia de los que depende su destino

confiar la compatibilidad de las acciones humanas a las prescripciones de un Leviathan o un legislador terrenal. Por tanto, se preguntaba cómo puede uno entonces avanzar en estos
temas.

Hutcheson creía, que si consideramos «todo lo que sabemos acerca de la naturaleza» podemos encontrar el mecanismo fundamento de todo lo que es bueno[67] y añadía que las
«objeciones de los *Epicureos* y las de algunos modernos deve-
nían de su ignorancia.»[68] La concepción de Hume era completamente distinta. El no califica de ignorantes a los humanos. Al comienzo de su *Treatise* ya se pronunciaba en contra
de todos aquellos que se sentían orgullosos de sus «propios
sistemas» y desacreditaban los trabajos y las obras de los demás.[69] Hume observa que siempre es fácil captar la debilidad
de un fundamento, incluso en aquellos sistemas que en algún
momento han gozado de un grado elevado de crédito y aceptación por la exactitud y profundidad de sus argumentos.[70]
Y señalaba que «incluso la plebe que deambula por las calles
está en condiciones de escuchar el bullicio y el clamor de que
las cosas no van bien en la casa», las antesalas de la ciencia.[71]
Esto es una consecuencia directa de la condiciones de ignorancia y falibilidad a la que estamos sometidos necesariamente y que nos obliga, en todo momento de nuestras vidas, a
pagar el precio de nuestra «ceguera» y «debilidad».[72] ¿Qué

[...] y a los que desde tiempo inmemorial atribuyen ideas, razones y pasiones
semejantes a las nuestras. Y sin embargo, como ya dijimos antes, refiriéndo-
nos a los filósofos que nos hablan como hacen «los sacerdotes y los poetas»,
Hume ([1748] 1902a, p. 118) planteaba la siguiente polémica: ¿quién los
trasladó a las regiones celestiales, quien los admitió en los consejos de los
dioses, quien les abrió el libro del destino?

[67] Hutcheson (1755), p. 180.
[68] Ibíd.
[69] Hume ([1739-1740] 1902a), p. 31.
[70] Ibíd.
[71] Ibíd.
[72] Hume ([1948] 1902a), p. 31.

respuesta entonces pueden ellos dar al problema del orden social?

Si los seres humanos estuvieran dotados de todo lo que necesitan, sus relaciones no darían lugar a conflictos y resultados que son inesperados, la justicia y la injusticia serían [...] desconocidas,[73] y lo mismo sucedería si «todos tuvieran los mismos afectos y tendieran a considerar a los demás como si se tratara de ellos mismos.[74] En definitiva, cuando hablamos del problema del orden social lo hacemos porque no es la abundancia lo que caracteriza precisamente nuestra existencia en la tierra sino la escasez. El «estado de naturaleza» no es una «edad de oro», la más fascinante y pacífica situación que pudiéramos haber imaginado es una «ficción».[75] Y esto no es todo:

> Si cada uno de los humanos tuviera la suficiente *perspicacia* para percibir en todo momento, el vigoroso interés que se precisa para la práctica de la equidad y la justicia, y la *fuerza mental* suficiente para perseverar en constante adhesión a un interés general y distante, en oposición a la seducción que ejerce el placer y la ganancia, nunca en este caso, habría habido necesidad de disponer de una cosa como el gobierno o la sociedad política sino que cada humano en el ejercicio de su plena libertad natural hubiera vivido en completa paz y armonía con todos los demás.[76]

---

[73] Hume ([1730-1740] 1930, vol. 2, p. 200. Por consiguiente, la propiedad privada es producto de la escasez. Definiendo de forma precisa las fronteras de lo que pertenece a unos y a otros, regulamos los conflictos. Esta es la razón por la que Hume (*op. cit.,* pp. 199-200) escribió: «El egoísmo de los humanos está alentado por lo poco que tenemos, en proporción a nuestras necesidades y para contener su egoísmo los humanos se han visto obligados a distinguir lo que es de uno y lo que es de otro, sustrayéndolos a la colectividad.

[74] Ibíd.

[75] *Op. cit.,* p. 198. Ver también Hume ([1751] 1902b), p. 189.

[76] Hume ([1751] 1902b), p. 205.

En otras palabras, si los seres humanos fueran omniscientes sabrían exactamente lo que tenían que hacer y no hacer. No existirían preguntas que hacerse y las instituciones sociales no tendrían razón de ser, serían completamente inútiles.[77]

Por lo tanto, la escasez, la ignorancia y la falibilidad caracterizan nuestra situación en esta tierra. El ser humano es absolutamente incapaz de sostenerse: «sin relacionarse con los demás» caen en una profunda melancolía y desesperación.»[78] Por consiguiente necesita buscar la cooperación de los demás y tiene que hacerlo.[79] El «no puede desear si no es con referencia a la sociedad».[80] «Solo por medio de la sociedad es capaz de suplir sus defectos»[81] «Por medio de la sociedad todas sus debilidades se ven resarcidas y, aunque en esa situación sus necesidades se estén continuamente multiplicando, sus habilidades lo hacen en mayor grado y todo se ve mejor y felizmente satisfecho de lo que, de otra forma, no sería siquiera posible en una vida salvaje y solitaria.»[82]

Cuando una persona actúa por separado y solo para sí mismo, su capacidad es demasiado pequeña para poder ejecutar una parte considerable de su trabajo.[83] Necesita emplear todo su esfuerzo en cubrir tal cantidad de necesidades que nunca estará en condiciones de alcanzar la perfección en todas a la vez y en muy pocas en particular.[84] Es más, «al más pequeño fallo en una de sus actividades tendrá que ser asistido en la inevitable ruina y miseria.»[85] «Mediante la reunión de esfuerzos, nuestra energía aumenta; mediante la división del traba-

---

[77] Véase el texto correspondiente en la nota 96 al capítulo 1.
[78] Hume ([1739-1740] vol. 2, p. 72.
[79] *Op. cit.,* p. 81.
[80] *Op. cit.,* p. 191.
[81] *Op. cit.*
[82] Ibíd.
[83] Ibíd.
[84] Ibíd.
[85] Ibíd.

jo, lo hace también la eficacia y mediante el auxilio mutuo, estamos menos expuestos a la imprevisión y la desgracia.»[86]

Lo anterior muestra claramente la deuda de Hume con Mandeville en lo que hace a la división del trabajo. Pero más significativo es que Hume aceptó la idea de que la cooperación para la consecución de los objetivos de los demás se produce de forma no intencionada, no nos lo habíamos propuesto al elegir nuestras decisiones de actuar.[87] La división del trabajo divide la acción en dos partes: por un lado, tenemos lo que para la consecución de nuestros propios fines hacemos nosotros mismos y del otro lado lo que la cooperación lleva a cabo para la consecución de los fines de los demás. Y esto último se produce sin que medie intención alguna por nuestra parte, al igual de lo que los demás hacen en favor nuestro al actuar para sí mismos. No fue casualidad que Hume, inspirándose en Mandeville, escribiera: «Si observamos los panegíricos que, a menudo y por lo regular, se dedican a los elogiados como grandes hombres, veremos que la mayoría de las cualidades que se les atribuyen pueden dividirse en dos clases o categorías: aquellas que son útiles para quienes ac-

---

[86] *Op. cit.,* pp. 191-192.

[87] El sistema de cooperación no tiene su origen en una valoración de las ventajas sociales que procura. Los que lo aceptaron no lo hicieron en base a esa clase de consideraciones, surgió por sí mismo y en base al interés propio de los que actuaban en la sociedad (Hume [1739-1740], vol. 2, p. 231 y [1742-1757 1903, p. 269). Debería añadirse que la teoría de las consecuencias no intencionadas se encuentra a lo largo de toda la obra de Hume. Evidentemente fue utilizada para apoyar la libertad de comercio: «Nuestra envidia y odio a Francia no tiene límites [...]. Estas pasiones han levantado innumerables barreras y obstáculos al comercio [...] y ¿qué hemos ganado en el trato? Perdimos el mercado francés para nuestras manufacturas de lana, y de España y Portugal nos llegaron vinos y licores peores y a un precio más elevado. Son pocos los ingleses que no piensen que fueron los vinos franceses que se vendían en Inglaterra a bajos precios los que arruinaron, y en alguna medida suplantaron, a la cerveza inglesa y nuestros licores caseros, pero dejando a un lado nuestros prejuicios no sería difícil demostrar.»

túan y aquellas que les dieron la oportunidad de desempeñar un papel importante en el desarrollo de la sociedad.[88]

Esto quiere decir que las pasiones son las que impulsan nuestras acciones. Y, sin embargo, puesto que la consecución de nuestros objetivos solo es posible contando con la colaboración de los demás, tenemos que hacer lo que se pida de nosotros por quien se encuentra al otro lado en el intercambio, para conseguir lo que la cooperación nos proporcione. Por consiguiente, la consecuencia de incumplir la obligación equivale a dañar la consecución de nuestros propósitos o lo hace imposible, porque el cumplimiento de las obligaciones es la condición que permite a cada uno de nosotros beneficiarnos de la cooperación de los demás.[89]

Por lo tanto, la valoración de lo que hacemos no tiene que estar basada en los resultados más directos. El fallo a la hora de cumplir con nuestras obligaciones hace imposible de inmediato la consecución de una ventaja y los «humanos están siempre más interesados en la vida presente que en la futura».[90] Pero si esto sucede la cooperación con los demás colapsa y esto nos priva de la posibilidad de aprovecharnos de los servicios de los demás. Por tanto, Hume escribió:

> Mas tarde los humanos aprendieron por experiencia que su egoísmo y limitada generosidad [...] les incapacitaba de forma absoluta para vivir en sociedad y, a la vez, se dieron cuenta que necesitaban vivir en sociedad para poder satisfacer sus propias pasiones [...] y se mostraron dispuestos a aceptar una serie de reglas que les limitaban, pero a la vez les permitían comerciar con seguridad y beneficiarse de ciertas comodidades que, de otra forma, no hubieran estado a su alcance.[91]

---

[88] Hume ([1739-1740] 1930), vol. 2, p. 282.
[89] *Op. cit.,* p. 236. Ver también Hume ([1751] 1902b), pp. 218-219.
[90] Hume ([1739-1740] 1930), vol. 2, p. 227; ver también pp. 239 y 269.
[91] *Op. cit.,* p. 203.

Las normas que nos permiten vivir juntos no son un regalo de una naturaleza acogedora.[92] Son el resultado de la imposibilidad de renunciar a la colaboración de los demás, de un proceso a través del cual las mentes de los humanos llegan a ser «espejos unas de otras».[93] Como propiedad privada, ellas entran en relaciones morales unas con otras[94] y esto es lo que hace posible la cooperación porque los planes personales se van adaptando unos a otros. En consecuencia, uno puede entender la razón por la que Hume fue un defensor incansable de *la utilidad de las normas* y un adversario de *la utilidad de los actos*, y también podemos entender la razón por la que el dirigía su preferencia al «gobierno de las leyes» en lugar de al «gobierno de los humanos».[95] Porque si el problema es el de la compatibilidad de las acciones, la regla general y abstracta es la que, delimitando las fronteras de las acciones sin imponer sus contenidos, permite una cooperación social donde cada uno tiene su propia escala de prioridades y no necesita someterse a una jerarquía obligatoria de objetivos. Esta es una situación en la que no se necesita un *Legislador Supremo* que como «Dios mortal», dotado de un poder ilimitado que imprime a sus propias prescripciones naturaleza arbitraria, nos priva de la libertad de elegir.[96] Cada uno puede decidir

---

[92] *Op. cit.,* p. 183-190.

[93] *Op. cit.,* p. 82.

[94] *Op. cit.,* p. 196. «La propiedad del humano es algo relacionado con él». «Esta relación no es natural sino moral y fundada en la justicia».

[95] Hume ([1740-1757] 1903), p. 95.

[96] Es importante que Hume ([1739 —1740] 1930, vol. 2, p. 201) afirmara que «un acto de justicia único frecuentemente es contrario al interés público; véase también Hume ([1751] 1902b), p. 103. Es más, léase el pasaje siguiente: «Y aunque hasta ahora se ha encontrado que hay algunos inconvenientes, asociados al principio de adherirse estrictamente a la ley, no obstante, las ventajas los superan con creces y los ingleses deberían estar agradecidos a la memoria de sus antepasados que establecieron ese noble principio, y lo reiteraron después (Hume [1754 —1761] 1983, vol. 5, pp. 329-330). La expresión «Dios mortal» es de Hobbes ([1651] 1914, p. 89).

personalmente, siempre que evite la intrusión en la esfera de autonomía de los demás.

Se deduce por tanto que la «regla de la ley» es el *hábitat* regulatorio del orden no intencionado. Nunca existe «un punto de vista sobre el mundo inmune al error» y no hay nadie que incorpore y asuma la tarea de imponer sus reglas morales. La justicia no coincide con lo que nos mandan hacer. De una forma más precisa, puesto que no existe una jerarquía obligatoria de fines, no es posible establecer lo que es justo. Solo es posible indicar lo que es injusto o lo que quienes actúan no pueden hacer.[97] Desde el momento en el que negamos la existencia de una fuente de conocimiento que sea inmune al error y las prescripciones que de ella se deriven, nos movemos en dirección a un «gobierno de la ley», de normas «generales y abstractas» y de ese modo logramos alcanzar un orden social que no ha sido pretendido por nadie, un orden inintencional, entendido como un lugar donde es posible la libertad personal de elegir.

No obstante, Hume no se limitaba a explicar cómo es posible de forma no intencionada, lograr alcanzar los objetivos de otros. El centraba su atención en el lenguaje y en la moneda que, como muchas otras instituciones de las que nos beneficiamos, se han originado sin que podamos atribuir a una especie de mente poderosa que así lo hubiera dispuesto.[98] Se trata de un fenómeno complejo, resultado de un dilatado proceso de actuaciones recíprocas de muchos. Y no obstante

---

[97] Hayek (1969, p. 120) escribió que Hume: «con su profunda convicción de la imperfección del conocimiento y de toda la razón de los humanos, no esperaba muchas cosas positivas de la organización política. Él sabía que para los grandes bienes atribuidos a la política, la paz, la libertad y la justicia, las organizaciones políticas ofrecían en esencia resultados negativos, a lo sumo una protección contra el agravio en lugar de dones positivos. Ningún hombre luchó más ardientemente por la paz, la libertad y la justicia. Pero Hume vio claramente que las ambiciones que aspiraban a establecer alguna otra justicia positiva sobre la tierra, eran una amenaza para aquellos valores.

[98] Hume ([1739-1740] 1930), vol. 2, p. 196; ([1751] 1902b, p. 306.

nunca nos veremos frente a una dinámica única e irrepetible.[99] Esto no sucede en el campo de la naturaleza y tampoco en el de la vida social. Si sucediera tendríamos que renunciar a una gran «variedad de aforismos que suponen un grado de uniformidad y regularidad».[100] No habría ciencia y la relación causa y efecto permanecería absolutamente desconocida para la especie humana.[101] No sabríamos cómo aprovechar las consecuencias no intencionadas de carácter positivo ni defendernos de las de las que tienen carácter negativo. Así pues, tenemos que reconocer que «vivimos en un mundo donde la verdad brota por sí misma y las causas de los acontecimientos son «totalmente desconocidas para nosotros.»[102] No obstante, si los humanos analizan la anatomía de la «naturaleza conforme a lo que resulta más probable al menos para la filosofía más inteligible, encontrarían esas causas» y «todos los sucesos [...] que más les conciernen son el efecto de una maquinaria que funciona con regularidad y constancia.»[103]

3.5. TRADICIONES DE INVESTIGACIÓN

Como hemos visto, Trevor-Roper, consideraba a Hutcheson «el maestro de todos, el fundador de la nueva Filosofía Escocesa». Las consideraciones expuestas hasta ahora muestran que existe una distancia insalvable entre el filósofo de Glasgow y Hume. De forma más precisa, sus pensamientos dentro de la cultura ocupan posiciones opuestas. Esto hace imposible aceptar la genealogía propuesta por Trevor-Roper que, entre los descendientes de Hutcheson, además de a Hume, enumera a Adam Smith, a William Robertson, Adam

---

[99]   Hume ([1748] 1902a), p. 82.
[100] *Op. cit.,* p. 85.
[101] *Op. cit.,* p. 82.
[102] Véase nota 66 anterior.
[103] Hume ([1757] 1889), pp. 10-11.

Ferguson y John Miller y luego llega a incluir también a los utilitaristas del siglo diecinueve.[104]

Un defensor de un orden intencional querido por Dios no puede ser el progenitor de una familia que hizo una contribución decisiva a la teoría del orden intencionado. En su acalorado diálogo, Hutcheson y Hume pronto exhibieron un mutuo distanciamiento que en el caso del primero se convirtió en total aversión. El precursor de esta familia fue Mandeville.[105] Fue él quien llevó a cabo la espectacular ruptura con el orden intencional, tanto la versión que atribuye la compatibilidad de las acciones humanas a la voluntad divina, como la que atribuye esa compatibilidad a las prescripciones de una especie de Leviathan. Por consiguiente, la perspectiva inversa que, colocando la «paradoja de las consecuencias» en el centro de la discusión, lleva a la conclusión de que el orden establecido no es producto de planificación alguna.

Hume captó y aceptó lo que Mandeville había emprendido. Lo hizo rechazando la posible existencia de una *fuente de conocimiento inmune al error*. Él vio la necesidad de conseguir la cooperación de los demás seres humanos como el mecanismo que acaba conduciendo a la co-adaptación de las acciones personales e identificó «el gobierno de la ley» como la mejor herramienta para asegurar el desarrollo de un proceso social de largo y amplio alcance, en el que las normas y las instituciones están sometidas a un continuo cambio porque el hecho de la elección personal libre, descarta la prescripción. Se trata de un proceso inacabado siempre y que, por tanto, no tiene carácter teleológico. Esto es por lo que *el buen David* fue considerado un precursor de Charles Darwin.[106] Cabalmente

---

[104] Trevor-Roper (1967), pp. 1639-1640.

[105] Hayek (1988), p. 284.

[106] Véase Bay (1968), p. 33. Haciendo uso de unos pocos extractos de los *Diálogos sobre la Religión Natural*, Hayek (1969, pp. 226-227) argumentaba que Hume era «claramente consciente» de que el mismo argumento (usado en la esfera social) podía ser utilizado también para explicar la evolución de los organismos biológicos. Primero «la materia puede ser suscep-

uno puede decir que él fue uno de los «Darwinianos antes de Darwin», el grupo de estudiosos que siguieron la senda abierta por Mandeville en el análisis de los fenómenos sociales.[107]

En adición a la confirmación de la ausencia de parentesco que puede ser establecido entre Hume y Hutcheson esto permite marcar claramente las fronteras con otra tradición de investigación, la del utilitarismo en sentido estricto.

Trevor-Roper no contento con hacer de Hume y de todos aquellos que en él se inspiraron, descendientes de Hutcheson, incluía también entre los epígonos del filósofo de Glasgow a los utilitaristas del siglo diecinueve. Esto hace necesario clarificar al menos dos cosas. La primera y la más importante, se refiere a la relación entre la tradición evolucionista y la más propiamente denominada tradición utilitaria. La segunda hace referencia a la compatibilidad de la filosofía de Hutcheson con la idea que también se encuentra en su obra de la «mayor y la más amplia satisfacción».[108]

Por lo que hace a la primera cuestión, uno siempre debería tener en cuenta que los evolucionistas eran defensores

---

tible de muchas y grandes revoluciones, mediante periodos inacabados de duración eterna y «los cambios incesantes a los que cada una de las partes estén sometidas, parece insinuar alguna especie de transformación general (Hume [1779] 1907, p. 89). Posteriormente: «Ninguna forma, dice usted, puede subsistir, a menos que posea aquellas fuerzas y órganos que son requisitos para su subsistencia: un nuevo orden o economía tiene que ser ensayado y así sucesivamente, sin interrupción, hasta que al final algún orden que se pueda apoyar y mantener por sí mismo irrumpa (*op. cit.,* p. 110). Más adelante «una guerra perpetua se desencadena entre todos los seres vivientes» (*op. cit.,* p. 126). Hayek (1969, p. 119) escribió que la transmisión de ideas de Hume a Darwin continuó y puede ser descrita al detalle y añadía: «El canal más directo parece haber sido Erasmus Darwin que fue claramente influido por Hume y cuya influencia sobre su nieto se cuestionó (*op. cit.,* p. 53). Al respecto, no está fuera de lugar recordar el tiempo que Erasmus pasó estudiando en Edimburgo (Darwin Ch. [1879] 2003, pp. 22-23). Véase también King-Hele (1985, p. 170).

[107] Fue Pollock (1908, p. 42) quien definió a Montesquieu, Burke y Savigny como «darwinianos antes de Darwin». Mandeville, Hume y, como veremos, Adam Smith merecieron este nombre todavía más.

[108] Hutcheson (1725), p. 165.

de la utilidad de las normas. Puesto que reconocían en los humanos su condición de seres ignorantes y falibles, veían en el «gobierno de la ley» la mejor forma de garantizar el ejercicio de la libertad personal de elección, la exploración de lo desconocido, la corrección de los errores (consecuencias no intencionadas de carácter negativo) y la coadaptación voluntaria de los planes personales. El utilitarismo de la tradición ligada a Jeremy Bentham favorecía en su lugar la «utilidad de las acciones». Pero la frecuente «apelación a la utilidad como patrón de la acción tiende a introducir una incertidumbre respecto a la conducta de los demás,»[109] puesto que aquella acción a la que se le asigna una menor utilidad es continuamente sustituida por las que tienen atribuida una utilidad mayor; esto permite excepciones a la mayoría de las normas importantes,[110] sanciona con demasiada benevolencia el uso de «medios dudosos» cuando un objetivo ejerce algún atractivo[111] y posibilita «demasiada laxitud en el ejercicio de la acción discrecional y la política de comportamiento moral.»[112] Como ya mencionamos en el prefacio, se creía que los datos relevantes están disponibles y que el orden resultante de los datos es creación directa de los humanos.[113]

Podemos ahora analizar la segunda de las cuestiones que se plantean. Tomada literalmente la declaración de Hutcheson para el que los humanos se proponen como objetivo de

---

[109] Stewart ([1828] 1859), p. 184.
[110] Ibíd.
[111] Ibíd.
[112] Ibíd.
[113] Como Halévy ([1901] 1972, p. 506) escribió en el utilitarismo en sentido estricto es la benevolencia y la competencia del legislador lo que cuenta a la hora de establecer [...la compatibilidad de las acciones personales] mediante las limitaciones impuestas a las libertades de las personas. Como veremos es mayor la distancia entre la tradición cultural de Mandeville, Hume y la sociología positivista francesa, representada por Augusto Comte y sus seguidores, en los que la idea de un orden social como producto inintencionado de acciones intencionales es algo inconcebible. Véase cap. 5, sección 5.3.

sus acciones alcanzar «la mayor y más amplia satisfacción» puede ser considerada precursora del llamado «cálculo de la satisfacción « de Bentham, una especie de ciencia matemática del placer y las penalidades de los humanos. Esto colisiona con la parte más característica de la obra de Hutcheson. En realidad, da por supuesto una racionalidad que Hutcheson siempre negó y sugiere la posibilidad de que el orden social pueda ser construido racionalmente. Una concepción totalmente incompatible con la concepción providencialista del filósofo de Glasgow, que está basada en la existencia de un sentido innato en los humanos acerca de la moral, la caridad y la virtud.

3.6. APENDICE: JOSIAH TUCKER

Josiah Tucker escribió después de Hume, pero antes que Adam Smith. Fue una de las figuras que con mayor rapidez llegó a ser consciente de la imposibilidad de explicar la acción humana sin considerar el amor que nos profesamos a nosotros mismos; él considera que la cooperación para la consecución de objetivos que no son los nuestros solo puede tener lugar de manera no intencional.

Hume tenía un gran concepto de la obra de Tucker, que por medio de Lord Kames le había enviado alguno de sus escritos como *Elementos del Comercio y Teoría de los Impuestos* publicados en 1755, en Bristol. Esto está probado por la carta que el 4 de marzo de 1758 envió al propio Kames, agradeciéndole el envío y expresándole su aprecio por la obra de Tucker que consideraba «tenía un profundo conocimiento de la teoría del comercio a lo que unía una aquilatada experiencia con su práctica.»[114] En aquella ocasión Hume escribió:

---

[114] Greig (1932) vol. 1, pp. 270-271.

Hay una idea en los ensayos que me satisface mucho, porque coincide con un principio que yo le he participado y que usted me parece comparte y no desaprueba. Estoy muy agradecido y a la primera ocasión que tenga podrá enviarle una nueva edición de mis ensayos en los que hago un tratamiento de este tema.[115]

Y así lo hizo. Se trataba de la edición que Hume estaba preparando y que apareció aquel mismo año que contenía su conocido ensayo *Of the Jealousy of Trade* en el que desarrolla la idea de las ventajas que derivan de extender la cooperación social voluntaria al comercio entre las naciones.[116]

Nacido en Gales, Tucker era miembro de la iglesia (Dean de Gloucester) y considerando imposible suprimir el amor que los humanos se profesan a sí mismos, abandonaba la idea de eliminarlo o siquiera debilitarlo.[117] Y argumentaba que deberíamos «promover el interés de los demás persiguiendo el propio».[118] Si conseguimos que las razones o motivos personales para actuar no produzcan daño a nuestros conciudadanos, tendríamos que cada persona (con intención o sin ella) estaría promoviendo el interés del país y de la especie humana en general, al tiempo que la persona promovería intencionalmente los suyos propios.[119]

A pesar del aprecio de Hume, los escritos de Tucker no ejercieron influencia alguna en el desarrollo del pensamiento económico.[120] Ninguna de sus obras se encontraban en

---

[115] *Op. cit.,* p. 272.

[116] La carta a Lord Kames de Hume, finalizaba con el siguiente pasaje: «el estrecho sentido espiritual de las naciones y las personas, debía estar cuidadosamente representado y estoy satisfecho de encontrar que Mr. Tucker emplea sus talentos y capacidades de tan útil manera» (ibíd).

[117] Tucker (1755), p. 7.

[118] Ibíd.

[119] *Op. cit.,* p. 9.

[120] Clark (1903), p. 225. Aparte de Hume, el único estudioso de aquellos días interesado en Tucker fue Turgot, cuyo primer trabajo fue la traducción francesa Reflections on the Expediency of a Law for the Naturalisation

la biblioteca de Adam Smith, ni este las citó nunca en sus escritos. Sin embargo, ejerció una importante y significativa «influencia indirecta», preparando a la cultura Británica para una aceptación más rápida de la *Riqueza de las Naciones*.[121]

CAPÍTULO IV

CHARLES LOUIS DE MONTESQUIE Y ADAM SMITH

Las leyes de Minos, Licurgo y Platón presuponen una singular vigilancia mutua de todos los ciudadanos muy difícil de asegurar, rodeado de la confusión, negligencia e inmensidad de los asuntos de un gran pueblo (Charles-Louis de Montesquieu).

La gracia, quizás pueda ser el único principio según el cual se manifiesta la acción de la Divinidad, [...], una criatura tan imperfecta como es un ser humano, donde para apoyar su existencia se necesitan una gran cantidad de cosas que le son externas, tiene muy a menudo que actuar por muchos otros motivos (Adam Smith).

4.1. MONTESQUIEU Y LA DIVERSIDAD DE LOS MODELOS DE VIDA

Los supuestos gnoseológicos de Montesquieu no son muy distintos de los de Mandeville o Hume.[1] La persona que ac-

---

[1] Mandeville formuló su «programa de investigación» en un período anterior al de la publicación de los primeros trabajos de Montesquieu. Hume formuló el suyo más tarde, pero lo completó antes. Para una amplia discusión de las relaciones entre Montesquieu y Hume. Véase Turco (2005, pp. 45-65) y la bibliografía allí incluida.

túa es para él «un ser limitado, sometido a la ignorancia y al error».[2] El conocimiento del tiempo y el lugar está disperso en la sociedad, tanto que acerca de los hechos que se suceden «puede haber mejor información en la plaza pública que en el palacio de un monarca.»[3] Un rey no está en condiciones de llevar a cabo un asunto complicado, aprovechar una oportunidad y el momento crítico de la acción.»[4] Y la política, entendida como lo hacía Maquiavelo, «la ciencia del ardid y el engaño, daña la justicia porque cada uno de sus actos produce una secuencia de resultados impredecibles.»[5]

Al igual que las normas y las instituciones son el producto de la interacción social. No pueden ser consideradas como respuestas a los problemas de la convivencia, están sometidas a toda clase de variaciones, impuestas por el contexto histórico-social y la falibilidad humana.[6] Montesquieu en sus viajes

---

[2] Montesquieu ([1748] 1875 —79d), p. 93.

[3] *Op. cit.,* p. 104.

[4] Ibíd.

[5] Montesquieu ([1725] 1875 —79b), p. 68. Vale la pena añadir que contra las políticas maquiavelianas, Montesquieu, en sus *Cartas Persas*, hace decir a Usbek «la ley pública se entiende mejor en Europa que en Asia y, sin embargo, hay que decir que las pasiones de los príncipes, el sufrimiento de las gentes, la adulación de los escritores, han corrompido todos sus principios. En la actualidad, esta ley es una ciencia que enseña a los príncipes a violar la justicia durante largos períodos de tiempo. En su obra *El Espíritu de las Leyes*, Montesquieu ([1748]1875 —79c), p. 460, decía también que «Empezamos a estar curados del Maquiavelianismo y nos recuperamos día a día».

[6] Si las normas y las instituciones son el producto de la interacción social, la consecuencia inevitable es su diversidad. Mandeville era consciente de ello. Y Hume escribió «que nuestra situación respecto a las personas y las cosas fluctúa continuamente». (Hume, [1739 —1740] 1930, vol. 2, p. 277) de manera que, «aunque los principios para razonar en temas de moralidad son siempre los mismos, las conclusiones obtenidas son a menudo muy diferentes». ([1751] 1902b, p. 335-336) y añadía que no deberíamos esperar encontrar «las mismas leyes en Berna que en Londres o París» (ob.cit. p. 337) y él también destacaba «que las costumbres de las personas cambian también considerablemente de una edad a otra, debido a grandes alteraciones en su gobierno, por lo llegada de nuevas gentes y por la inconstancia a la que están sometidos los asuntos humanos Hume ([1842-1757] 1903, p. 211).

encontraba todo esto confirmado. Durante su estancia en Inglaterra, en su larga peregrinación a través de las páginas de la historia, en su estudio de la obra del diplomático Británico Paul Rycaut sobre el Imperio Otomano, en su lectura de los relatos de los grandes viajeros como Jean Baptiste Tavernier, Francois Bernier y Jean Chardin.[7] Es un hecho ya bien establecido que, partiendo de sus *Cartas Persas*, la diversidad de los modelos de vida fue un tema que atrajo su atención. No es ninguna sorpresa que en su diálogo con Ibben, Rica señalara: «Caminamos, en realidad, por la misma tierra pero parece increíble recordar, en presencia de las personas que viven en este país, las del suyo»,[8] aquí hay un «mago al que llaman Papa» «él hace creer que tres no son más que uno» «que el pan que come no es pan» «que el vino que bebe no es vino y miles de otras cosas como éstas,»[9] y aquí, «un trozo de papel es una moneda.»[10]

Se trata de saber cuál es la razón de esta diversidad de modelos de vida de unos países y otros. Desafortunadamente, no disponemos del texto del *Traite General des devoirs de l'homme* de Jean-Jacques Bel. Al comienzo de la explicación que dió podía leerse: «Aquellos que decían que una fatalidad ciega producía todo lo que vemos en el mundo, era un tremendo absurdo.[11] El objetivo de Montesquieu era precisamente identificar las causas de este fenómeno social, la diversidad de los modelos de vida. En otras palabras, él iba en búsqueda de las causas generales [...] que operaban en toda [...] sociedad, y las hacían prosperar manteniéndolas luego

---

[7] Sobre las fuentes de Montesquieu véase Dodds (1929) que lo trata con extensión.

[8] Montesquieu ([1721] 1875, p. 113).

[9] *Op. cit.,* p. 14.

[10] Ibíd.

[11] Montesquieu ([1725] 1875 79b), p. 67. Como es sabido, esto se encuentra también en la primera página del volumen I del *Espíritu de las Leyes, op. cit.,* p. 90.

o llevándolas a la ruina.[12] Montesquieu estaba guiado por la idea de que las contingencias particulares estaban siempre subordinadas a causas generales que producían la prosperidad o la ruina de los estados, de manera que, si una lucha concreta llevaba a la ruina, habría que buscar la causa general que la había ocasionado.[13]

Montesquieu refiriéndose a sí mismo escribió:

> He comenzado a estudiar a la especie humana, en medio de la diversidad infinita de sus leyes y costumbres que me ha parecido no ser solamente producto de la fantasía o el capricho. Y habida cuenta de que, una vez establecidos los primeros principios, las cosas particulares se siguen de ellos, he encontrado que las historias de las naciones son solo consecuencias de ellos y que cada ley particular esté relacionada con otra o depende de alguna otra que ha sido establecida con un carácter más general y extenso.[14]

---

[12] Montesquieu ([1734] 1875 —79c, p. 273) habla de las causas de la «moral física». Pero él atribuía gran peso a la anterior. No puede extrañarnos, entonces que escribiera: «La mayoría de las causas físicas inclinan la especie humana a la inacción, la mayoría de las «morales» les extrañan» (Montesquieu [1748] 1875 —79c p. 155). Por su parte, Hume se expresaba con más fuerza. El escribió: que, incluso si su tierra y clima no cambiaran, el «carácter de la nación» no sería el mimo durante todo un siglo» (Hume [1739 —1740] 1930, vol. 2, p. 40) y continuaba: «Atenas y Tebas estuvieron solo un breve día de viaje, aunque los atenienses eran tan notables en destreza, astucia y jovialidad como los Tebanos en torpeza, simplicidad y temperamento tranquilo» (Hume [1742 —1757] 1903, p. 209). Y añadía que no es posible atribuir a la atmósfera y el clima las diferencias entre el modo de vivir en Wapping y en St. James. No es posible imaginar la gran uniformidad de carácter que presentan los chinos, en un país con tan grandes contrastes entre sus distintas regiones (ibíd.). En una carta enviada el 10 de abril de 1749 Hume llamaba la atención de Montesquieu, respecto a algunas observaciones de su obra *El Espíritu de las Leyes* pero no mencionaba el problema de las «causas morales y físicas» al que dedicaría una reunión de la *Select Society* de Edimburgo, el 4 de diciembre de 1754 (Mossner 2001, pp. 281-282).

[13] Montesquieu ([1734] 1875 —79c), p. 273.

[14] Montesquieu ([1748] 1875 —79d), p. 83.

Se comprende así la razón por la que Rica había dicho a Usbek:

> Para nosotros, el carácter es uniforme porque estamos limitados: no vemos a las personas como son, sino como se ven forzadas a ser; en la servidumbre del corazón y la mente, solo es el temor que infunde la sorda rutina de las palabras, muy diferente al lenguaje de la naturaleza que se expresa de una forma tan variada. La diversidad, ese arte practicado de forma tan variada y tan necesario para nosotros es aquí desconocido, ellos lo hablan todo, lo ven todo, lo oyen todo, los corazones están tan a la vista como los rostros, en costumbre, en virtud, en vicio, uno detecta siempre una cierta naturalidad.[15]

Y por tanto (Usbek pregunta a Ibben). Estamos atónitos de que apenas haya cambio en los gobiernos de los príncipes orientales ¿cómo podía ser de otra forma, cuando caemos en la cuenta de su terrible tiranía?[16] El gobierno «de un humano» es siempre inadecuado y peligroso

Augusto (que era el nombre que la adulación le había otorgado a Octavio) tenía buen cuidado en establecer un orden, mejor dicho, una servidumbre duradera, porque cuando la soberanía ha quedado usurpada en un estado libre, se llama orden a todo lo que puede cimentar la autoridad de uno solo y, entonces, el desorden, la diversión, la maldad es lo único que podría conservar la honrada libertad de los súbditos.[17]

---

[15] Montesquieu ([1721] 1875 —79a), pp. 215-216.

[16] *Op. cit.,* pp. 327-328. Usbek añadió: Los cambios no pueden llevarse a cabo, salvo por el príncipe o el pueblo. Pero hay príncipes que no hacen nada por alterarlo porque es tal el poder absoluto que detentan que lo dañarían. Los súbditos no tienen ni tiempo ni medios para diseñar un proyecto y derrocar un poder tan absoluto y terrible para lo que necesitarían armas y elegir el momento apropiado. El asesino asciende al trono cuando el monarca lo deja y cae expirando a sus pies (*op. cit.,* p. 328).

[17] Montesquieu ([1734] 1875 —79c). p. 222.

En otras palabras, «cuando solo la voluntad caprichosa y del momento de una sola persona gobierna al estado, nada puede darse por establecido, no hay nada constituido como cuando existe una ley fundamental.[18] Prevalece solo la voluntad de un ser humano.

Se deduce de todo esto que existe una relación inversa entre la amplitud del poder público y la institucionalización del cambio social. Cuanto más absoluto es el poder menos posibilidad de cambio existe. Observado desde un punto de vista gnoseológico, esto significa que un sistema que impide la libertad de elegir y por lo tanto, la institucionalización del cambio, hace imposible el proceso de corrección de los errores. Esta es la razón por la que, en los gobiernos más doctos, hay instituciones que lo examinan perpetuamente y que perpetuamente se analizan a sí mismas.»[19] En este caso «sus errores nunca se perpetúan y con frecuencia resultan útiles» por el espíritu de constante atención que infunden en toda la nación.[20] Esta es la misma situación que hace posible el desarrollo del comercio. Esto lleva aparejado «la frugalidad, economía, moderación, laboriosidad, prudencia, tranquilidad, orden y método».[21] El comercio es un remedio para la mayoría de los prejuicios destructivos; en general, allí donde las costumbres son gratas y afables el comercio florece y viceversa.»[22] La idea de que las actividades comerciales y el lujo corrompen las costumbres es simplemente «la elegía de Platón».[23]

---

[18] Montesquieu ([1748] 1875 —79d), pp. 114-115.

[19] Montesquieu ([1734] 1875 —79c), p. 187.

[20] Ibíd. Montesquieu añadía entonces: «En una palabra, un gobierno que es libre y por lo tanto siempre en fermento no podría mantenerse si no fuera en la medida que está dispuesto a corregir sus propias leyes.

[21] Montesquieu ([1748] 1875 —79d), p. 175.

[22] Montesquieu ([1748] 1875 —79c), p. 361.

[23] Ibíd. Pocock (1985, p. 122) modificó la preocupación que encierra la expresión de Platón y la sustituyó redenominándola «elegía de Rousseau». Véase con más amplitud Infantino (2020a), pp. 150-155

En consonancia con su forma de entender el proceso social, Montesquieu se opuso a las teorías contractualistas de una forma parecida a la de Mandeville y Hume, y por tanto rechazó la idea de que hubiera un comienzo de la sociedad. Por ello Usbek escribía a Rhedi:

> No tiene sentido hablar de derecho público sin una cuidadosa investigación preliminar sobre el origen de la sociedad, cosa que me parece absurda. Si los humanos no constituyeran una unidad, si huyeran y se esquivaran entre sí, entonces tendríamos que preguntarnos acerca de la razón de esta clase de comportamiento, pero todos nosotros somos producto de las relaciones que se mantienen entre unos y otros.[24]

Los seres humanos somos conscientes de que constituimos el resultado de la cooperación social que es, por decirlo en términos de nuestros días, una estrategia de suma positiva, todos ganamos. Usbek mismo (en la apología de los trogloditas) decía:

> Ellos amaban a sus esposas y estaban tiernamente enamorados de ellas. Su mayor atención era dar una virtuosa educación a sus hijos. Hablaban continuamente de las desventuras de sus compatriotas y les instaban a superar su tristeza y dedicarse con todo su afán a la comunidad y no aislarse, que era cortejar su ruina [...]; y que actuar justamente con los demás acaba siendo una bendición para nosotros mismos.[25]

Así pues, el interés es el «más grande monarca de la tierra.»[26]

---

[24] Montesquieu ([1721] 1875 79c), p. 301.
[25] *Op. cit.,* pp. 81-82.
[26] *Op. cit.,* 336.

4.2. MONTESQUIEU ENTRE EL MITO DE ESPARTA Y LA GRAN SOCIEDAD

Lo que hemos expuesto hasta ahora sugiere que las reflexiones de Montesquieu no son concesiones a la idea de un orden social intencional. Pero este no es el caso, tanto en el *Traité Géneral des devoir de l'homme* como en el *Espirit des lois* no habla de una «fatalidad ciega» que determina todo lo que contemplamos en el mundo, porque esto sería un absurdo, y asociaba la idea de que si se diera esa fatalidad no habría seres inteligentes.[27] En el *Espíritu de los Leyes*, Montesquieu llegó a escribir que:

> Si Dios está relacionado con el universo, como Creador y Preservador, las Leyes por las que así lo hizo actúan como lo hacen, porque él las conoce, y las conoce porque las hizo y porque están relacionadas con su poder y sabiduría.[28]

Y tal vez para suavizar el significado de estas palabras, añadía: «la creación que parece un acto arbitrario supone leyes tan invariables como la de la fatalidad de los Ateos.[29] Esta fue la causa, bien conocida, de que se le acusara de ateísmo, a lo que Montesquieu replicaba, recordando, entre otras cosas, que él había sostenido que los humanos «como seres de inteligencia finita, están sometidos a la ignorancia y el error y que pueden olvidarse de quien los creó e inmediatamente invocarlo».[30]

Esto no es todo, como hemos visto, Montesquieu, en sus *Cartas Persas* declaró que «el interés es el más grande monarca de la tierra». Pero en el mismo texto, cuando hace la

---

[27] Montesquieu ([1725] 1875 —79b), p. 67; ([1748] 1875 —79d), p. 90.

[28] Montesquieu ([1748] 1875 —79d), p. 90.

[29] Ibíd.

[30] *Op. cit.,* p. 93. Para su respuesta a la cuestión del ateísmo. Ver Montesquieu ([1748]1875 —79f), pp. 152-159.

apología de los Troglodìtas, después de haber afirmado que el interés de las personas forma parte del interés de la comunidad» ha escrito que la virtud nunca debería ser considerada un coste, ni su práctica un fastidio.»[31] En el *Espíritu de las leyes* al discutir los regímenes políticos, el continuaba diciendo:

> He observado ya que, en la naturaleza del régimen republicano, el pueblo como tal y las familias deberían poseer el poder supremo, como el monarca, si bien el príncipe debería ejercerlo según establecen las leyes y no como un gobierno despótico en el que una persona gobierna conforme a su voluntad y capricho.[32]

Dejemos la situación de las monarquías como estaban hasta entonces. Con respecto a las repúblicas Montesquieu, señalaba que «la política de los Griegos que vivían bajo un gobierno del pueblo, no conocía otro apoyo que la virtud»[33] y añadía que cada uno «para ser virtuoso, tiene que intentar ser uno y amar al Estado por sí mismo».[34] La motivación de los que actúan tiene, por tanto, que coincidir con la justificación social. En otras palabras, los regímenes republicanos producen un orden de naturaleza intencional, basado en la virtud de los ciudadanos. Como en el caso del régimen despótico, el republicano está basado en un «temor».[35] El déspota «no tiene norma y sus propios caprichos destruyen los de todos los demás».[36] El Gran Señor no está obligado a mantener su palabra o juramento, si al hacerlo limita su autoridad.[37] No hay duda de que aquí estamos tratando también de un orden que tiene carácter intencional.

---

[31] Montesquieu ([1721] 1875 —79a), p. 82.
[32] Montesquieu ([1748] 1875 —79d), p. 121.
[33] *Op. cit.,* pp. 123-124.
[34] *Op. cit.,* p. 131.
[35] *Op. cit.,* p. 135.
[36] *Op. cit.,* p. 133.
[37] *Op. cit.,* pp. 135-136.

Pasemos ahora a considerar el «régimen monárquico». En este caso «el Estado subsiste con independencia del amor a nuestro país», de la sed de gloria auténtica, de la abnegación, del sacrificio de nuestros intereses más queridos y de todas aquellas virtudes heroicas que admiramos en los antepasados.»[38]

> ¿Qué sucede entonces? Las leyes ocupan el lugar de aquellas virtudes [...] el Estado las excusa [...]. Aunque todos los crímenes sean por su propia naturaleza pública, se distingue entre los realmente públicos y aquellos que son privados, que son llamados así porque son más dañinos para la persona que para la comunidad.[39]

Esto es nada menos que una exposición de lo que sucede bajo el «gobierno de la ley». La ley es la que establece y define la frontera de las distintas acciones y el orden resultante es inintencionado. La referencia está claramente dirigida a las instituciones inglesas, a las que Montesquieu otorgó su preferencia.[40] Pero él añadía alguna otra cosa. Aunque subrayando que los «príncipes virtuosos son extraordinariamente excepcionales» y el «carácter mezquino de los cortesanos», el afirmaba que «la integridad prevalece y esto pone en marcha toda la política, por tanto, cada persona promueve el bien público, aunque solo piense en promover su propio interés».[41] Por lo tanto, nos encontramos frente a dos explicaciones y ambas hacen uso de la idea de las consecuencias no intencionadas. Siendo absolutamente consciente de que la virtud de los príncipes es una excepción y el carácter mezquino y des-

---

[38] *Op. cit.,* p. 128.

[39] *Op. cit.,* pp. 88-89.

[40] En las *Cartas Persas,* Montesquieu había ya escrito: «en Inglaterra usted puede ser testigo de la libertad viendo muchas veces las llamaradas de la discordia y la sedición, el príncipe vacilante sobre un trono inamovible; una nación impaciente pero prudente en su rabia y dueña del mar [...] que combina comercio y poder (Montesquieu [1721] 1875 —79a, p. 423).

[41] Montesquieu ([1748]1985 —79d), p. 132.

preciable de los cortesanos, Montesquieu podría haber evitado su alusión a la integridad sobre la que bascula su segunda explicación, y donde los que actúan no persiguen sus propios intereses y solo «creen» que están tratando de conseguirlos.

Pero hay más, lo que se decía acerca del régimen republicano requiere un análisis específico. Montesquieu escribió que en las «Repúblicas Griegas» se consideraba que los ciudadanos no deberían dedicarse al comercio, la agricultura o la artesanía;»[42] él ensalzaba a Esparta, su «grandeza» y su «gloria»[43] y atribuía esto a instituciones «tan infalibles» para las que «no significaba nada obtener una victoria sobre esa república si subvertir su constitución.»[44] Esta es la razón por la que Elizabeth Rawson, después de comentar que la segunda parte del siglo dieciocho fue la «gran edad de la moderna Laconomanía», vio en Montesquieu una persona que estableció las condiciones para el renacimiento del mito de la sociedad Espartana.»[45] Por esto no es sorprendente que poco después de la publicación de *El Espíritu de las Leyes*, Jean-Jacques Rousseau definiera a Esparta como la «República de los semidioses en lugar de la de los hombres»[46] y no fue el único. La lista de pensadores o meros activistas políticos que impulsaron la «Laconomanía» es larga.[47] Pero lo importantes es que Louis de Jaucourt en la *Enciclopedia,* y en el artículo

---

[42] *Op. cit.,* p. 162.

[43] *Op. cit.,* p. 154.

[44] Ibíd.

[45] Rawson (1969), pp. 227-229.

[46] Rousseau ([1750] 1997), p. 11. El modelo Espartano fue siempre el de referencia para Rousseau. Véase Infantino (2019), pp. 41-42.

[47] Basta citar a Diderot, d'Holbach y Mably. Para una discusión detallada del tema véase Rowson (1969) y Guerci (1979). Referencias más concisas encontrará el lector en Infantino (2003, pp. 212-223) y Pellicani (2011, p. 185). Esto no quiere decir que todos los pensadores de la Ilustración padecieran de «Laconomanía». Voltaire ([1752] 1822 vol. 6, p. 413) no dudaba en afirmar: «El lujo de Atenas dio grandes hombres en todas las ramas de la actividad humana. Esparta solo pudo ofrecer unos pocos líderes militares incluso menos que en otras ciudades». Como con todos los movimientos culturales la Ilustración Francesa y la *Enciclopedia* englobaron una

dedicado a la *República de Lacedemonía,* recurriera a la autoridad de Montesquieu y considerase a Esparta una «república prodigiosa», terror de los persas», y «admiración de los griegos».[48] Porque esto fue lo que acabó creando la ilusión de que la libertad nace de la práctica de la *virtud* impuesta de forma obligatoria. Este es el milagro de un mundo en el que la justificación social coincide con la motivación del que actúa.[49]

Si Montesquieu se hubiera ocupado de discernir con más amplitud sobre las diferentes clases de cooperación social, hubiera podido ofrecer a sus lectores una explicación más consistente. Mandeville y Hume lo hicieron porque centraron su atención en la división del trabajo y habían comprendido que esta podía ser voluntaria o forzosa.[50] En el primer caso es posible alcanzar una compatibilidad de las diferentes actuaciones que no es resultado de la intención de nadie en concreto y por tanto permite la «libertad de elección» y el «gobierno de la ley». En el segundo caso esa compatibilidad es el resultado de imponer por la fuerza una jerarquía de fines elaborada intencionalmente. Esto significa que Montesquieu

---

diversidad de posiciones. Véase entre otros Hubert (1923 —1928), Cassires ([1932] 1967) e Israel (2009).

[48] Jaucourt (1765), p. 152.

[49] En el orden social atribuido a la voluntad divina, hay una población invisible que supervisa las intenciones de los humanos. Incapaces de usar los mismos instrumentos el totalitarismo recurre a la movilización permanente que somete a las personas a un proceso continuo de «alteración» que les impide pensar críticamente y los va distanciando de lo existente. No es una casualidad que Rousseau ([1702] 1974, p. 49) aspirase a otorgar a la «voluntad general» una fuerza superior al poder de la voluntad personal», el expresó su deseo de que «las leyes de las naciones como las de la naturaleza nunca pudieran ser destruidas por el poder de los humanos». El totalitarismo también hace uso de la sistemática delación y utiliza informadores y la *autocrítica* que es uno de los medios mediante el cual las personas acaban confesando crímenes que nunca han cometido. Véase Infantino 2020a, pp. 99-100.

[50] Sería Spencer más tarde ([1877-1896] 1906, vol. 2, pp. 473-642) quien subrayó la distinción entre cooperación voluntaria y forzosa o coercitiva.

debería haber profundizado para apuntalar lo que él mismo sostenía, a saber: «que el modo en el que se desenvolvían las distintas naciones estaba íntimamente relacionado con la forma elegida para garantizar su subsistencia.»[51] Y esto es lo que le hubiera llevado a demostrar que los humanos pueden vivir, bien sea a través de una cooperación voluntaria o una forzosa y coercitiva.

Sin embargo, Montesquieu consideraba que se había colocado sobre la cama de Procrusto y estaba obligado a reconocer que «en Grecia había dos clases de repúblicas, una militar que era Esparta, la otra comercial que era Atenas.[52] Sabemos que la primera era como un «campamento militar» en el que a nadie se le permite vivir conforme a lo que elige,[53] los extranjeros eran deportados y sus barcos mercantes no podían fondear en sus puertos.[54] Atenas, sin embargo, estaba abierta al mundo.[55] En consecuencia no es posible equiparar las repúblicas antiguas. Como sucedía en tiempo de Montesquieu, el mismo tenía que admitir que los políticos de su tiempo no hablaban de la virtud sino de las manufacturas, el comercio, las finanzas, la opulencia y el lujo».[56] Una ruptura evidente con las concepciones que habían prevalecido en el mundo antiguo.[57] Por consiguiente, las enseñanzas de Minos, Licur-

---

[51] Montesquieu ([1748] 1875 —79c), p. 264.

[52] Montesquieu ([1748] 1875 —79d), p. 176.

[53] Plutarch ([A] 24.1) donde uno también lee que todos «tenían un puesto de trabajo en el sector público porque se consideraba que pertenecían al país y no a ellos mismos».

[54] *Op. cit.,* 9.1.

[55] Esto es como lo describía Pericles. «Nosotros estamos abiertos al mundo y nunca las leyes excluyen a los extranjeros de aprovechar cualquier oportunidad de aprender o de observar, aunque a los ojos de nuestros enemigos esta liberalidad pueda beneficiarles».

[56] Montesquieu ([1748] 1875 —79d), p. 124.

[57] Esta es la razón por la que Constant ([1819] 1872b, p. 55) observaba correctamente que Montesquieu atribuyó «la diferencia a la república y la monarquía» aunque debiera haberlo atribuido a la diferencia entre el mundo antiguo y el moderno. Los ciudadanos de las repúblicas sometidas a la monarquía desean todos disfrutar, pero en realidad nadie en las con-

go y Platón, basadas en el supuesto de que es posible lograr «una vigilancia mutua y singular de todos los ciudadanos, en medio de la confusión, la negligencia y la inmensidad de los negocios de una gran población, es no solo extremadamente difícil sino, en verdad, inaplicable.[58] El gobierno de una sola persona no nos suministra la respuesta.[59] La compatibilidad de las distintas acciones no puede estar intencionalmente determinada por una mente singular. En las grandes sociedades, la diversidad, las dificultades y la importancia de los asuntos, así como en unos casos la facilidad de adquirir, y en otros la

---

diciones actuales de la sociedad puede ayudarles a hacerlo. El pueblo (el pueblo inglés) el más celoso de sus libertarios en nuestros días, antes de la emancipación de Francia, también deseaba disfrutar de la vida y valoraba especialmente su libertad porque veía en ella la garantía de poder hacerlo. En el pasado donde había libertad el pueblo soportaba penalidades. Ahora siempre que se sufren penalidades, se hace necesario un régimen despótico que obligue al pueblo a resignarse.

[58] Montesquieu ([1748] 1875 —79d), p. 158. Para una clarificación de la posición de partida de Montesquieu, vale la pena mencionar uno de los fragmentos de su obra *Traité des devoirs*: «Si pudiera dejar de pensar, por un momento, que soy cristiano, no lo podría hacer sin colocar la destrucción de la secta de Zeno entre los infortunios de la raza humana, superado solo por las cosas que entrañaban dignidad: el desprecio de los placeres y sufrimientos.» Montesquieu ([1725]1875 —79b, p. 67) añadía a continuación: «los estoicos nacen para la sociedad, todos creían que su destino era hacer todo lo que pudieran por ella [...] parecía que solo la felicidad de los demás podría aumentar la suya. Se entiende así su hostilidad a los Epicureos a cuya doctrina acusaba de haber contribuido a «acabar con la República», corromper las mentes y la fuerza del pueblo «como había sucedido antes de los griegos» Montesquieu ([1734] 1875 —79c, p. 195). Sobre la imposibilidad de aclarar la dinámica de la Gran Sociedad a través de la doctrina de los Estoicos, véase Bonar (1893, p. 50).

[59] Como es sabido Maquiavelo ([1531] 1883, p. 42) en su lugar argumentaba que «son muy pocas las excepciones a la regla según la cual ninguna nación o reino nunca tuvo instituciones saludables desde el principio o instituciones que hubieran sido reformadas del todo a menos que una persona se hubiera encargado de hacerlo [... Es más] solo de un hombre proceden las instituciones que se reciben al principio y de solo un hombre depende su reconstrucción».

lentitud de los intercambios, exigen una solución diferente:[60] una que impida a «la misma persona o grupo de personas, sean éstos de los grandes, de los nobles, del pueblo, ejercer los tres poderes, el de promulgar las leyes, el de ejecutar las resoluciones públicas y el de juzgar los delitos y los litigios que surgen entre las personas privadas.»[61] Ya nunca será una persona la que tome las decisiones; imponiendo una jerarquía de fines, prescriba los contenidos de las acciones y juzgue los comportamientos. Lo que prevalece es la ley general y abstracta, que garantiza a cada persona un área de autonomía; es decir de libertad de elección.[62]

4.3. SMITH Y EL NACIMIENTO DE LAS NORMAS SOCIALES

Como Rawson escribió «con la victoria de la doctrina de Adam Smith, prefigurada por Hume, la idea de que Esparta era, como sociedad, peculiar e irrelevante [...] ganó autoridad».[63] Smith sabía que legisladores como Solón habían fomentado «la industria y el comercio, y había obligado a cada uno» para conseguir que sus hijos se comprometieran a aprender «algún oficio»[64] y sabían que «en Esparta no había nada de eso».[65]

Pero esto vendría precedido de una preocupación más perspicaz. No podemos precisar el periodo en el que se es-

---

[60] Montesquieu ([1748] 1875 —79d pp. 158-159) y Pocock (1985, p. 194). Lenci (2005, p. 440) escribió lo que se llevaba a cabo era la entronización del «humanismo comercial» por encima del «humanismo cívico» que, a su vez, se había instalado por encima de la «tradición republicana basada sobre el concepto de virtud maquiaveliana y que había sido incorporado por personajes como James Harrington, Algernon Sidney» y otros. Sobre esta tradición véase Fink (1962).

[61] Montesquieu ([1748] 1875 —79c), p. 8.

[62] Hayek (1978), pp. 138-139.

[63] Rawson (1969), p. 350.

[64] Smith ([1762-1764] 1976 —83d), p. 231.

[65] Ibíd.

cribió su *Historia de la Astronomía,* pero hay una frase en Smith que puede ayudarnos. Él decía que los seguidores de Newton, partiendo de sus principios, se atrevían a predecir los retornos de varios [... cometas] en especial uno que había aparecido en 1758.»[66] Esto quiere decir que el texto probablemente se escribió antes de esa fecha.

La *Historia de la Astronomía,* por lo tanto, precede en el tiempo a las grandes obras de Smith,[67] y es aquí donde por primera vez Smith utilizó la expresión «mano invisible». El la utilizaba para referirse a esa «vulgar superstición que atribuye a todos los sucesos anormales de la naturaleza a la merced o contra el enfado de seres inteligentes pero invisibles, dioses, demonios, hechiceros, adivinos...,[68] él hablaba, para ser exactos, de «la mano invisible de Júpiter»[69] y añadía:

> Cabe observar que, en todas las religiones Politeístas, entre los salvajes, así como en las primeras edades de la antigüedad Idólatra, solo los sucesos anormales se atribuían al poder de los dioses. El fuego quema y el agua refresca; los cuerpos pesados descienden o caen y las sustancias más ligeras ascienden por su propia naturaleza, la mano invisible de Júpiter nunca era empleada para explicar estos fenómenos.[70]

---

[66] Smith ([1795] 1976 —83c), p. 103. Evidentemente Smith se refería a la predicción hecha por el astrónomo Edmund Halley.

[67] Como es bien conocido, la *Historia de la Astronomía* es uno de los ensayos publicados póstumamente por sus albaceas testamentarios Joseph Black y James Hutton, respecto a estos ensayos Schumpeter (1954, vol. I, p. 321) escribió «me atrevo a decir que aquellos que no conocen estos ensayos no pueden tener una idea adecuada de la altura intelectual de Smith. Voy más allá y digo que si esto no fuera innegable, nadie atribuiría al autor de la *Riqueza de las Naciones* la capacidad para haberla escrito. Schumpeter consideraba también que el ensayo sobre la *Historia de la Astronomía,* que entre todos los publicados póstumamente era el más grande, es una auténtica perla».

[68] Smith ([1795] 1976 —83c), p. 49.

[69] Ibíd.

[70] Ibíd.

Y, sin embargo, «rayos y truenos, las tormentas y la luz del sol se atribuían a su merced o a su furia».[71] Se creía que «otros seres inteligentes que ellos imaginaban, pero no conocían, actuaban de aquella forma, no para apoyar el curso normal de las cosas [... sino] para detener, frustrar o alterarlo.[72] Por tanto, esto era «en las primeras edades del mundo la más vulgar y despreciable superstición que ocupaba el lugar de la filosofía.»[73]

Smith exponía incluso con más claridad el problema del que se estaba ocupando:

> En las primeras edades del universo, la aparente incoherencia de muchos de los fenómenos de la naturaleza desconcertó a los humanos, hasta el punto de que nadie esperaba poder llegar algún día a comprenderlos. Su ignorancia y la confusión que causaba en sus pensamientos necesariamente fue lo que dio lugar a aquella vulgar superstición que atribuía todos los *sucesos inesperados* a la voluntad arbitraria de seres invisibles que los ocasionaban con algún propósito.[74]

En otras palabras, todo suceso inesperado se atribuía a la voluntad de alguien, aunque ese alguien nadie lo viera ni se lo pudiera explicar.[75]

---

[71] *Op. cit.,* p. 50.
[72] Ibíd.
[73] Ibíd.
[74] *Op. cit.,* pp. 112-113. Énfasis añadido.
[75] Esta es la misma cuestión planteada por Hume; véase capítulo 3, nota 66. Varios pasajes de la *Historia de la Astronomía* nos muestran la influencia de Hume en Smith, la amistad entre ambos cabe remontarla al otoño de 1749. Hume había vuelto de su misión diplomática en Viena y Turín, y Smith había dado ya sus conferencias del año anterior en la Sociedad Filosófica de Edimburgo, de la que Hume era uno de sus principales representantes (véase Rasmussen 2017, pp. 45-46). El primer borrador de los *Diálogos Concernientes a la Religión Natural* que apareció póstumamente es del verano de 1749, mientras que *La Historia Natural de la Religión* se publicó en 1757. Sin duda estos temas estuvieron presentes en sus largas conversaciones de aquellos años.

En una carta que enviara a Hume el 16 de abril de 1773, Smith definía la *Historia de la Astronomía* como «un fragmento de un trabajo juvenil que había intentado abordar», pero que permanecía inacabado.[76] Esto demuestra que el autor pensaba servirse de la ciencia para explicar los sucesos inesperados que tienen lugar en la naturaleza. Y, sin embargo, las obras por las que Smith es recordado son su *Teoría de los Sentimientos Morales* y su libro sobre *La Riqueza de las Naciones*, dedicados ambos a la investigación sistemática de fenómenos sociales. Para ser consistentes con el objeto de estudio que Smith asignaba a la ciencia en su *Historia de la Astronomía*, tenemos que ver en aquellos dos trabajos un intento de explicar sucesos que ocurren, en la esfera de la sociedad, a pesar de nuestras intenciones y/o junto a ellas. Lo que es equivalente a decir que la ciencia, cualquiera que sea el terreno en el que emprenda sus investigaciones, tiene como objeto estudiar aquellos fenómenos inesperados que no son directamente atribuibles a la acción humana.[77]

Esta idea ocupa toda la investigación de Smith. Esta ya presente en su *Teoría de los Sentimientos Morales*, cuando explica que no nacemos con un yo pre-formado:

> Si fuera posible que el ser humano pudiera desarrollarse hasta alcanzar su plena naturaleza en algún lugar solitario, sin comunicación alguna con seres de su propia especie, no podría pensar más que en su propia naturaleza, de la corrección o la incorrección de sus propios sentimientos y comportamiento, de la belleza o deformidad de su propia mente, y de la belleza o deformidad de su propio rostro.[78]

No sería capaz de hacerse una idea cabal y sin dificultad de todas estas cosas. No sería capaz de vislumbrarlas «naturalmente» porque no tendría «ningún espejo» que las pudie-

---

[76] Smith ([1740 —1790] 1976 —83c) p. 168.
[77] Popper (1991), pp. 342-343.
[78] Smith ([1759] 1976 —83c), p. 110.

ra hacer presentes a su vista, «metiéndole en la sociedad, de inmediato él contaría con el espejo que deseaba haber tenido antes.»[79]

Se deduce de esto que la transformación del cerebro en mente humana tiene lugar por medio de las relaciones de unos con otros. Utilizando la metáfora del «espejo» y teniendo en cuenta el pasaje de Smith, Popper decía que «mucho antes de alcanzar sentido y conocimiento de nosotros mismos, normalmente tenemos que llegar a ser conscientes de la existencia de otras personas, por lo regular, de nuestros padres» y añadía que el sentido del propio yo comienzo a desarrollarse a través o por medio de otras personas, precisamente como aprendemos a vernos en un espejo. Por tanto, los niños llegan a ser conscientes de sí mismos al ver su reflejo en el espejo de las personas que también son conscientes de ellos mismos.[80] Así pues, el cerebro acumula una infinita variedad de datos sobre un «fondo no estructurado» del cual «repentinamente surge una estructura, y esto sucede de una forma absolutamente inconsciente.»[81] El cerebro no planea su propio desarrollo ni tampoco puede ser programado externamente.»[82]

Esto significa que nuestra condición de *humanos* es una consecuencia no intencionada de las relaciones que van surgiendo de la convivencia en sociedad. Esto es así cuando llegamos a este mundo: porque los seres ya existentes así nos lo comunican, sin que por nuestra parte tengamos conciencia

---

[79] Ibíd. La idea del espejo había sido utilizada ya por Hume (véase texto nota 93, capítulo 3).

[80] Popper (1977, vol. I, pp. 109-110) que en (*op. cit.*, p. III, nota 7) citaba entonces el pasaje de Smith.

[81] La expresión es de Lorenz, tomada de Popper y Lorenz (1985), pp. 26-27.

[82] Véase Hayek (1988, p. 22) que decía: «lo que llamamos mente no es algo con lo que la persona nace, como con su cerebro o cualquier otra cosa que el cerebro produzca, sino algo que su maquinaria genética (cierto tamaño o estructura) le ayuda a adquirir, cuando se va desarrollando junto a sus familiares y compañeros adultos, de los que va absorbiendo los resultados de una tradición que no se transmite genéticamente».

alguna de ello, las normas de conducta y los criterios con los que tomamos la «medida» a todo lo que sucede a nuestro alrededor. Y esto es así durante toda nuestra vida. La necesidad de vivir juntos y cooperar siempre nos conduce a co-adaptar nuestras acciones. Para hacer esto recurrimos a la «afinidad», por medio de la cual tratamos de formar parte de la situación que atrae las pasiones de los demás o simplemente, la actitud de los demás hacia nosotros.[83] En otras palabras, intentamos vernos como los demás nos ven. Esto es una especie de «cambio imaginario de lugar».[84] Esta es la razón por la que Albert Salomón escribía, con acierto, que la «afinidad de la que habla Smith no puede hacerse coincidir con la compasión empática o imitación alguna de sentimientos.»[85]

Esto es solo un intento para ponernos en el lugar de nuestros interlocutores para observar y enjuiciar nuestra conducta a través de sus expectativas. Un movimiento continuo que no podemos eludir: porque el respeto a las expectativas de los demás es lo que nos permite alcanzar las nuestras. Por tanto:

> cada facultad de una persona es la medida mediante la cual enjuicia la facultad análoga en el otro. Yo enjuicio tu vida en base a la mía, tu oído en base al mío, tu razón por mi razón, tu resentimiento por el mío, tu amor por el mío. No tengo ni puedo tener otra forma de enjuiciar a los demás.[86]

Es así como se da forma a las reglas generales de moralidad.[87] Y esto nos hace *espectadores imparciales* de nuestra propia naturaleza y conducta.[88] La relación intersubjetiva crea una

---

[83] Smith (1759] 1976 —83c), p. 12. Smith tomó el concepto de «afinidad» de Hume ([1739 —1740] 1930, vol. 2, pp. 82-83). Para más detalles, véase Morrow (1923).

[84] Stewart ([1793] 1980), p, 281.

[85] Salomón (1945), pp. 28-29.

[86] Smith ([1759] 1976 —83c), p. 19.

[87] *Op. cit.,* p. 159, énfasis añadido.

[88] *Op. cit.,* p. 114.

especie de «tercera persona», un Jano bifronte que incorpora la perspectiva del yo y el otro.[89]

Como ya había dicho Hume «las normas de moralidad [...] no son conclusiones de nuestra razón.[90] Son un producto de la interacción social y la consecuencia de la co-adaptación de los planes personales. Detrás de esa norma no se encuentra la «mano invisible de Júpiter» o de distintas poblaciones de seres imaginarios que desde las alturas dictan las reglas de comportamiento de nuestras vidas. No se cumple ni la voluntad de las personas, ni la de ningún planificador ajeno por encima de ellos. Naturalmente «los seres humanos generalmente son considerados por políticos y planificadores como materiales de una suerte de mecanismo político».[91] Pero cada persona [...] puede, en su concreta situación, enjuiciar mucho mejor que cualquier político o legislador lo que cabe hacer por él,[92] y el que

> intentará decir a las personas, de qué manera debería emplear sus capitales no solo arroja sobre sus hombros una carga innecesaria, sino que asume una autoridad que no puede ser confiada a una sola persona, ni tampoco a un consejo o senado cualquiera, y menos a nadie lo bastante presuntuosa para considerarse capaz de ejercer semejante tarea.[93]

---

[89] *Op. cit.,* pp. 135 y 191. No es casual que Ortega y Gasset ([1928] 1946 —83b) escribiendo muchos años después que Smith, hablara de un elemento social como una «tercera naturaleza» nacida de la interacción. Uno puede rastrear la influencia de Simmel (1908, pp. 85-86) en el trabajo de Ortega Simmel (1910, pp. 102-112) también hablaba de lo social como un «tercer reino». Popper (1979, p. 106) mismo utilizaba la expresión «tercer mundo» para un mundo compartido (es decir, social).

[90] Véase nota 48, capítulo 3.

[91] Stewart ([1793] 1980), p. 322. Ver también Scott (1937), pp. 117-120.

[92] Smith ([1776] 1976 —83b), vol. 1, p. 456.

[93] Ibíd. Smith (*op. cit.,* p. 531) Luego insistía «la ley debe siempre confiar a las personas el cuidado de sus intereses pues, en situaciones concretas que les afecten, por regla general están en mejores condiciones de apreciar lo que es mejor que el legislador». Este es el problema de la dispersión del

Los «sucesos inesperados» que tienen lugar en el terreno de lo social son por tanto el resultado de la interacción, un proceso en el que participamos y cuya complejidad escapa al control de cualquiera de nosotros. Actuamos para alcanzar nuestros objetivos y, sin embargo, para poder llevar a la práctica nuestros planes en todo o en parte, cada uno de nosotros tiene que intentar adaptarlos a los de lo otros. Las normas sociales son el resultado no programable de la delimitación de las fronteras que no caben traspasar las acciones de cada uno de nosotros. En otras palabras, actuamos intencionalmente hacemos planes para lograr nuestros objetivos y al hacerlo así sin proponérnoslo; es decir intencionalmente, nacen las condiciones que hacen posible la cooperación social.

Esta es la razón por la cual Smith cuando usaba la expresión «mano invisible», en su *Teoría de los Sentimientos Morales*, se desprendía de la paternidad de Júpiter que, en su *Historia de la Astronomía,* acompaña a la superstición vulgar y hace hincapié en las dinámicas de la cooperación social, llamando la atención sobre los resultados de nuestras acciones intencionales unos y no intencionales otros. En consecuencia, escribió: «aunque el único objetivo que ellos [los ricos] se proponen obtener, al dar empleo a sus miles de trabajadores, es dar satisfacción a su propia vanidad y sus insaciables deseos, comparten con los pobres lo que producen todos sus progresos y mejoras».[94] Y concluía que, en este caso, lo que les guía es una «mano invisible,»[95] es decir: la naturaleza eminentemente social de la vida humana significa que nadie puede lograr sus objetivos sin interactuar y cooperar con los demás seres humanos. La persecución de nuestros objetivos es, sin duda, planeada e intencional, sin embargo, tenemos que proporcionar servicios para obtener la cooperación de

---

conocimiento en cuanto al tiempo y el lugar. Hayek ha sido el que mejor lo ha sabido entender durante el siglo veinte (1949), pp. 77-91).

[94] Smith ([1759] 1976 —83a), p. 184.
[95] Ibíd.

otros y, de esta forma, nosotros inintencionalmente hacemos posible alcanzar los objetivos de aquellos que nos ayudan a lograr los nuestros.

4.4. SMITH: LA DIVISION DEL TRABAJO Y EL «GOBIERNO DE LA LEY»

Todo esto nos permite comprender las razones por las que Smith iniciaba la *Riqueza de las Naciones* con una discusión sobre la división del trabajo, de la que hablaba desde un punto de vista técnico. Pero lo que más nos interesa aquí es lo que escribió acerca de la división del trabajo en la sociedad.[96] En primer lugar, reconocía que lo que constituye el trabajo de una sola persona, en una fase primitiva y tosca de la sociedad, constituye ya el de varias personas, en una fase que ha progresado. El trabajo que es necesario para producir cualquiera de nuestras manufacturas está casi siempre dividido entre un gran número de manos».[97] Se deduce, por tanto, que con su propio trabajo una persona puede obtener solo una parte muy pequeña de los bienes que necesita. «Por tanto, los humanos ofrecen a los demás, una buena parte de lo que producen».[98] La persona humana se encuentra, en todo momento, necesitada de la cooperación y asistencia de un gran número de personas que desconoce, y durante toda su vida son pocas con las que mantiene relaciones de amistad.[99] Sin la existencia de esta división del trabajo a la que nos estamos refiriendo, «cada persona tendría que procurarse por sí misma todo lo necesario para vivir como desea, «todos tendrían que desarrollar las mismas tareas y

---

[96] Smith ([1776] 1976 —83b, vol. I, pp. 13-14, nota 1) reconocía su deuda con Mandeville, de quien tomaba también sus ejemplos.

[97] *Op. cit.,* pp. 135 y 15-16.

[98] *Op. cit.,* p. 37.

[99] *Op. cit.,* p. 26.

los mismos trabajos» y con «capacidades tan distintas» no serían «de mucha utilidad para unos y otros.[100]

Sin embargo, la división del trabajo no es el resultado de una planificación precisa de las mentes. Nunca fue el resultado de una mente humana que predice y se propone generar la opulencia que la división procura.[101] Y por eso, el resultado es siempre inintencionado.[102] No es irracional, volviendo a la metáfora que más caracterizó la obra que Adam Smith escribiera: que cada persona dirigiendo su actividad «de tal manera que le procurase el mayor valor posible, tratando solo de beneficiarse a sí mismo, en esto como en otros muchos casos, el intento termine llevando, por medio de algo que parece como una especie de mano invisible, a promover un objetivo que en ningún momento, había entrado en sus cálculos.»[103]

En esto radica la explicación de lo que sucede en la Gran Sociedad, cuando cada persona está en condiciones de poder elegir, y donde la división del trabajo resultante y la cooperación social pueden, en plenitud, realizarse. Cada persona con su propia escala de preferencias, en la que no se tienen en consideración las de los demás, aun siendo conscientes de su existencia y que, pudieran coincidir con las nuestras. Todos pagan con lo que hacen mejor por aquello que hacen peor. La expresión «mano invisible» no es más que una forma concisa, mediante la cual Smith consigue llamar la atención, y situar el énfasis en el hecho de que, al perseguir todos nuestras per-

---

[100] *Op. cit.,* pp. 29-30.

[101] *Op. cit.,* p. 25.

[102] Es bien conocido que Durkheim ([1893] 1964, p. 238) decía que había una explicación «clásica» en la «economía política» que, en «apariencia es tan sencilla y evidente» que «inconscientemente la admiten un gran número de pensadores». Según esta doctrina la división del trabajo es una consecuencia directa de la búsqueda de la satisfacción. El error de Durkheim era que no entendía que la tradición evolucionista a la que pertenece Smith, no tiene nada que ver con la tradición racionalista de Bentham y sus seguidores. Durkheim tenía un escaso conocimiento de la Economía Política y su historia. Véase con más amplitud Infantino (1998, p. 86).

[103] Smith ([1776] 1976 83b) vol. I, p. 456.

sonales preferencias, necesariamente se consiguen abastecer a los demás con servicios que les benefician.

Evidentemente, Smith no olvidaba el *hábitat* normativo que hace posible un orden inintencional. Deseaba escribir un libro sobre los «principios generales» de la ley y el gobierno. Lo había anunciado en la última página de la primera edición de su *Teoría de los Sentimientos Morales*.[104] Cuando publicó la sexta edición, declaraba que no había abandonado completamente el proyecto.[105] Pero el hilo de su vida iba a romperse poco después. Esto no nos priva de los elementos que necesitamos para identificar la teoría de la ley que le hubiera complacido desarrollar. En una página de los Sentimientos Morales escribió:

La mera justicia es, en la mayoría de los casos, una virtud negativa y solo nos impide lesionar a nuestro prójimo. El hombre que solo se abstiene de violar la persona, la propiedad o la reputación de sus vecinos, tiene ciertamente muy poco mérito. Satisface, no obstante, todas las reglas de lo que se llama propiamente justicia, y hace todas las cosas que sus pares pueden correctamente forzare a hacer o sancionarle por no hacerlo. A menudo podemos cumplir con todas las normas de la justicia simplemente si nos sentamos y no hacemos nada.[106]

En consecuencia, para hacer posible la compatibilidad entre las distintas acciones no es necesario prescribir su contenido. La libertad de elección personal tiene en lo que es injusto su único límite y la cooperación se lleva a cabo sobre bases voluntarias. Por lo demás, la coadaptación se produce como resultado de la libre valoración que hace cada uno y esto es exactamente lo que el «gobierno de la ley» aporta.

Es una situación constantemente amenazada por la «engañosa y ladina actitud de ese animal, vulgarmente conocido con el nombre de estadista o político, que actúa solamente

---

[104] Smith ([1759] 1796 —83c), p. 342.
[105] *Op. cit.,* p. 3.
[106] *Op. cit.,* p. 82.

en base a lo que le aconsejan las fluctuaciones del momento en la situación de los asuntos a su cargo.[107] El niega que cada ciudadano actuando según sus intereses pueda promover los de los demás.[108] El no reconoce que «al dañar en alguna medida los intereses de cualquier orden de ciudadanos, con el único propósito de favorecer a otros, es algo evidentemente contrario a la justicia y la igualdad de trato que el soberano debe a todos.[109] Y no solo es eso, porque profundizando más en el tema, él ataca el supuesto gnoseológico en el que se basa la Gran Sociedad, porque su intervencionismo es una clara manifestación de su rechazo a reconocer la situación de ignorancia y falibilidad a la que estamos sometidos todos, y que exige dispensar a los políticos «de la obligación, de intentar llevar a cabo» lo que siempre «está expuesto a innumerables decepciones que, en ningún caso cabe eludir, porque carecemos de los conocimientos suficientes para ello.»[110]

Por tanto, es fácil entender la razón por la que «en los países libres donde la seguridad del gobierno depende del juicio favorable que sus ciudadanos hagan de su comportamiento,» es «de la máxima importancia que no sean desposeídos temeraria y caprichosamente de poder enjuiciar su conducta al respecto.»[111] Es necesario que los gobernados no sean embobados por las promesas de los gobernantes. Si esto sucede el «gobierno de la ley» se convierte «en el gobierno de las personas», edificado sobre la base de la ilusión de las intenciones, todas excelsas, un orden ilusorio del que todos piensan beneficiarse pero que siempre implica alguna clase de política arbitraria que no tiene en cuenta las limitaciones, las deja a un lado y prescinde de llevar a cabo

---

[107] Smith ([1776] 1976 —83b) vol. 1, p. 468.
[108] *Op. cit.,* p. 456.
[109] *Op. cit.,* vol. 2, p. 654.
[110] *Op. cit.,* p. 687.
[111] *Op. cit.,* p. 788. Véase con mayor extensión Hackonssen (1981), pp. 89-93.

un amplio proceso de exploración de lo que, en realidad, se desconoce, y de corrección de los errores que son inevitables.[112]

A la luz de lo anterior se puede decir que la teoría de las consecuencias no intencionadas guió el pensamiento de Smith a lo largo de toda su dilatada carrera.[113] De una forma no muy distinta a lo que hicieran Mandeville y Hume, Smith sistemáticamente demostraba cómo cada uno de nosotros, proponiéndonos alcanzar nuestros propios objetivos, inintencionalmente, contribuíamos a la consecución de los objetivos de los demás seres humanos. El discurría por una senda muy diferente a la de Hutcheson.[114] No es sorprendente que, comentando la obra de Hutcheson, escribiera:

La benevolencia puede ser quizás, el único principio activo de la Deidad. No es fácil concebir desde qué otro móvil puede actuar un ser independiente y plenamente perfecto, que no necesita nada externo y cuya felicidad es completa en si mismo. Pero sea lo que fuere en el caso de la Deidad, una criatura tan imperfecta como el hombre, el mantenimiento de cuya existencia requiere tantas cosas externas a él, tiene que actuar muchas veces a partir de numerosas motivaciones. [115]

Incluso en un pasaje mucho más incisivo y bien conocido de la *Riqueza de las Naciones*, Smith decía: «No es de la benevolencia del carnicero, el cervecero o el panadero, por lo que esperamos poder comer sino en su propio interés que

---

[112] *La riqueza de las naciones.*

[113] Smith (*op. cit.*, vol. I, pp. 386-418) también explicaba con la misma teoría, el nacimiento de la sociedad de mercado. Su explicación fue aceptada entonces por Ferguson (1792, vol. I, p. 314) y por Millar (1803, vol. 2, p. 81). Sobre la extensa utilización que hace Smith del concepto de las consecuencias no intencionadas de nuestros actos para explicar los fenómenos sociales veáse Infantino (2020b) y la bibliografía allí indicada.

[114] Véase Cannan (1904 p. xlvi); Schumpeter (1914, p. 52), y Hayek (1978, p. 252).

[115] Smith ([1739]1976-839), p. 305.

es lo que les motiva.[116] El amor a uno mismo no puede ser eliminado». [117]

4.5. APÉNDICE: ADAM FERGUSON

Adam Ferguson publicó la primera edición de su conocida obra *Essay on the History of Civil Society* en 1767, después de *Moral Sentiments* de Adam Smith y antes de la *Riqueza de las Naciones*. Ferguson hacía hincapié, de manera muy efectiva, en el origen no intencionado de las instituciones sociales. Es suficiente reflexionar en el siguiente pasaje «cada paso y cada movimiento de la multitud, incluso en lo que llamamos la era de la Ilustración, son realizados con la misma ignorancia respecto al futuro, y las naciones se encuentran con instituciones que son realmente resultado de la acción humana, pero no de la ejecución de clase alguna de diseño humano.[118]

El *Essay* no fue bien recibido ni por Hume ni por Smith. Este último creía que Ferguson se había apropiado de algunas de sus ideas.[119] y Hume, aunque al principio había deposita-

---

[116] Smith ([1776 –83b) vol. I, pp. 26-27.

[117] Hutcheson siempre creyó lo contrario (Smith, [1759] 1976-83a, p. 303). La cita del texto demuestra que lo que él sostenía en *Moral Sentiments* y lo que afirmó en *La riqueza de las naciones* coincide a la perfección. No obstante, es bien sabido que, en el contexto alemán, en el que inicialmente la *Umschwungstheorie* fue formulada; esta afirmación del filósofo de los "sentimientos morales" tenía que ser considerada diferente de la del economista que basaba la acción en el interés personal. Esta tesis fue también expuesta por académicos como Viner (1927, p. 201) y Sen 1987, p. 28). Raphael y Magfie (1976, p. 20) argumentaban enérgicamente que el llamado "problema de Adam Smith" era un pseudoproblema basado en la ignorancia y en un malentendido. Para una discusión más amplia véase Infantino (2020b), pp. 228-230.

[118] Ferguson ([1767] 1966), p. 122.

[119] Smith pensaba que Ferguson se había aprovechado de las notas que transcribieron los estudiantes asistentes a las lesiones que impartió en Glasgow entre 1748 y 1751. En concreto, creía que el autor del Essay se había apropiado de las consideraciones que allí había hecho acerca de la división

do grandes esperanzas en el trabajo de Ferguson, desaprobó alguno de sus contenidos. En una carta enviada a Smith, el 12 de abril de 1759, le informaba haber leído el *Treatise on Refinement*, que más tarde se convertiría en el *Essay on the History of Civil Society*, y habiéndolo encontrado muy mejorado y digno «con algunas enmiendas» puede convertirse en un «libro admirable», capaz de mostrar un «ingenio singular y atractivo».[120] Y sin embargo, cuando se encontró con la versión definitiva del libro, Hume trató, dirigiéndose a Hugh Blair, y a través de él, a William Robertson, para disuadirle la publicación. Es más, procurando «humillar» al autor añadía que, al hacerlo, dañaría a toda la clase intelectual «en un momento de espléndido florecimiento».[121]

Como es bien conocido, la aparición del *Essay on the History of Civil Society* fue, de inmediato, todo un éxito. Hume expresó sus felicitaciones, pero no cambió su postura. En carta fechada el 15 de marzo de 1767, dirigida a Robertson, escribió que había pedido a Elizabeth Montagu que hiciera una valoración de la obra y que el abrigaba muchas reservas acerca del «estilo» Escocés del trabajo.[122]

¿Qué es lo que se disputaba aquí? Puesto que su teoría del orden social no hace uso de las motivaciones para la acción de la persona, el se centra en el hecho de que nadie puede alcanzar sus objetivos, sin servir a los objetivos de los demás,

---

del trabajo. No obstante, Ferguson centraba su atención en otro asunto. Él sostenía que estaba en deuda con Montesquieu y su teoría de las fases del desarrollo en la que ambos se habían inspirado. En oposición a Ferguson, Ongken (1909, pp. 129-137) apoyaba la posición de Smith, situando la división del trabajo en el centro de la disputa. Lo mismo hacen Kettler (1965, pp. 74-75), Hamowi (1968, pp. 249-259) y la bibliografía citada. Sobre Montesquieu y la influencia de su teoría de las fases de desarrollo en la Ilustración escocesa, véase Sebastiani (2005, pp. 213-226).

[120] Greig (1932), vol. 1, p. 304.
[121] *Op. cit.,* vol. 2, p. 12.
[122] *Op. cit.,* pp. 131-132. Véase la carta posterior (1 de abril de 1767) a Hugh Blair (ibíd., pp. 133-134).

Hume mostraba su desacuerdo con pasajes como el que sigue a continuación:

> Parece ser que, de manera especial, el objeto de las leyes suntuarias y de la distribución igualitaria de la riqueza es impedir el placer de la vanidad, controlar la ostentación de una fortuna superior y, de esta forma, debilitar el deseo de hacerse ricos, y preservar en el ciudadano el sentido de la moderación y la equidad que deben, en todo momento, regir su conducta [...] De todas las naciones cuya historia es conocida con certeza, su diseño y la manera de ejecutarlo parece que fue solo Esparta la única en entenderlo.[123]

Ferguson sabía perfectamente de su desacuerdo con Hume. En una carta que le envió el 17 de abril de 1767 escribió:

> No creo que haya, en toda la lista de seres creados, uno que actúe en todo o en parte mejor que otro humano [...]. Escribo esto en la esperanza de que cuando vea a Mrs Montagu combine algo de mi filosofía con la suya. No estoy enojado con ella, por utilizar contra mí el oscuro caldo de cultivo Espartano [...] y, si fuera a defender la causa de Esparta contra ella, tendría que acudir a alguna otra parte.[124]

Hay una ambivalencia fundamental en Ferguson.[125] El utilizaba la teoría de las consecuencias no intencionadas, pero, a la vez, era un defensor del orden social Espartano. En una larga carta a Smith, el 23 de junio, George-Louis Le Sage escribió: He terminado de leer el libro de su compatriota Mr.

---

[123] Ferguson ([1767]1966), p. 158.

[124] Ferguson (1767), pp. 2-3. Evidentemente Ferguson no podía haber pedido a Hume apoyo en defensa de la causa de Esparta. Es suficiente ver lo que escribía Hume acerca de los espartanos en su ensayo *Of Commerce* (Hume [1742-1757] 1903, pp. 263-269).

[125] Kettler (1965), p. 23.

Ferguson. Me produjo una gran satisfacción, pero me entristeció encontrar el elogio de Esparta en el mismo.[126]

---

[126] Smith ([1740-1790]1976-83c), p. 128. Hume creía que no gozaría de un éxito duradero (Greig 1932, vol. 2, p. 383). De acuerdo con Schumpeter (1954, p. 184 nota 16), el *Essay* gozó de una "fama inmerecida". Meek (1976, p. 150), por otra parte, escribió que "indudablemente" es "una de las obras más importantes de la época".

Capítulo V

CONTINUIDADES
Y DISCONTINUIDADES INICIALES

El gobierno no es un concepto como la cabeza de la sociedad, destinada a unir y dirigir a un objetivo común todas las actividades personales [...] donde no se ejerce una acción general y organizada, no hay sociedad (Augusto Comte).

Puesto que [...] no hay un sensorio que reúna todas las sensibilidades, el bienestar de un agregado, que se considera independiente de sus unidades, no busca un objetivo. La sociedad existe para beneficio de sus miembros, no los miembros para el beneficio de la sociedad (Herbert Spencer).

5.1. LA INFLUENCIA INMEDIATA ESCOCESA
EN LA TEORIA POLITICA: EDMUND BURKE
Y BENJAMIN CONSTANT

Edmund Burke y Benjamin Constant se encuentran entre aquellos que «tempranamente» adoptaron la visión Escocesa de las ciencias sociales. El primero de ellos fue, sin duda, beneficiado por el hecho de que mantuvo relaciones directas y recíprocas con Hume y Smith. El último, cuando Smith todavía estaba en este mundo y la «Atenas del Norte» seguía arrojando luz sobre los fenómenos sociales, se benefició de un período de estudio, breve pero intenso, que llevó a cabo allí sobre el terreno.

En 1756 Burke publicó *A Philosophical Inquiry into the Origin of Our Ideas of Sublime and the Beneficial* donde sostenía que :»la afinidad tiene que ser considerada como una especie de *sustitución,* mediante la cual, nos colocamos en el lugar del otro y nos sentimos influidos en muchos aspectos, como también él».[1] Lo que equivale a decir que Burke consideraba que las normas sociales son el producto de un proceso de coadaptación de las acciones personales independientes. La influencia de Hume en la obra de Burke es clara y Smith, que en aquel momento estaba ocupado en la redacción de su obra *Moral Sentiments,* fue capaz de asimilar las líneas de convergencia existentes entre su programa de investigación y la obra de Burke que, a su vez, consideraba el valor del primer gran trabajo de Smith, cuando recibió una copia de Hume y publicó un análisis crítico favorable en el *Annual Register.* [2] Por tanto, nacía una extraordinaria corriente de pensamiento que las iba a vincular. Como Dugald Stewart había referido, Smith creía entonces que, si Burke hubiera decidido aceptar una «cátedra», hubiera sido una «gran adquisición» para la Universidad de Glasgow.[3]

A continuación, el mismo Smith está presto a ver en Burke «el único hombre» que, en el campo de la economía, incluso sin haberse puesto de acuerdo previamente, expresaba ideas que coincidían con las suyas.[4] Los dos solían encontrarse con

---

[1] Hayek (1960), p. 60.

[2] Véase la carta de Hume a Smith de 12 de abril de 1759 (Greig, 1932, vol. 1, pp. 303-306), y la de Burke a Smith de 10 de septiembre del mismo año (Smith [1740-1790] 1976 —83c, pp. 46-47). El *Annual Register* fue una revista sobre los principales acontecimientos políticos y culturales, publicada por Burke con el editor Dodsley. *La riqueza de las naciones* también fue objeto en ella de un análisis crítico elogioso, pero no es posible determinar si el autor era el propio Burke o alguno de sus asociados.

[3] Prior (1891), p. 38.

[4] Bisset (1840), vol. 2, p. 429.

frecuencia, en el período posterior a la publicación de la Riqueza de las Naciones, cuando Smith estaba en Londres.[5]

Por lo tanto, no es sorprendente encontrar en el pensamiento de Burke los postulados gnoseológicos que constituían la pieza clave que servía de guía a las investigaciones de Smith. Esto se pone de manifiesto claramente en la declaración que sigue a continuación: «No puedo concebir como una persona puede llegar al colmo de la presunción que es considerar su país, como una pieza en blanco sobre la que puede escribir apresuradamente cualquier cosa que le plazca o se le ocurra.»[6] Como bien sabemos, la expresión «colmo de la presunción» está tomada casi literalmente de la *Riqueza de las Naciones*.[7] Esto sugiere que para tratar esta clase de problemas necesitamos contar con la ayuda de muchas mentes.[8] La autosuficiencia y la arrogancia son compañeras inexorables de aquellos que nunca han experimentado otros conocimientos que los suyos.[9] Y no es suficiente añadir en una

> comisión de todos los directores de dos academias, a los directores de la *Caisse d´Escompte*, un viejo campesino experimentado vale más que todos juntos. Yo reúno más información sobre una interesante y singular rama de la agricultura en una breve conversación con un monje cartujo, que la que pueda obtener de todos los directores de Banco con los que haya conversado.[10]

En consecuencia, el proceso social tiene que ser lo más amplio posible y tener siempre presente la naturaleza igno-

---

[5] Durante su breve estancia en Escocia, en abril de 1784, Burke fue a Edimburgo, donde fue muy bienvenido tanto por las autoridades de la ciudad como por Smith quien estuvo siempre a su lado durante la visita. Véase Rae (1895), p. 388.

[6] Burke ([1790 1951], p. 153.

[7] Burke ([1790] 1951), p. 153.

[8] Burke ([1790] 1951), p. 153.

[9] *Op. cit.,* p. 92.

[10] *Op. cit.,* p. 188.

rante y falible que es característica imperecedera de la especie humana.[11]

Así pues, se deduce de todo esto que las normas y reglas sociales así como las distintas instituciones *incorporan* mucho más que ese conocimiento ignorante y falible de las personas que actúan, y esto es algo muy a tener en cuenta por muchos de nuestros pensadores que se ocupan, con su habitual destreza, de desentrañar el «conocimiento latente» que contienen las normas sociales.[12] Estas son el resultado de un proceso que llamamos social, y que integran toda una serie de acciones personales dirigidas a distintos objetivos o propósitos y que, a su vez, son las condiciones que hacen posible la cooperación social. En otras palabras, una persona por sí sola no está en condiciones de alcanzar sus objetivos sin hacer algo que beneficia a otras. Mediante el sometimiento mutuo a unas reglas sociales, cada uno de nosotros obtiene la cooperación de otros y contribuye, sin proponérselo; es decir, inintencionalmente, al logro de los objetivos de los demás.[13] En las normas y las instituciones sociales hay, por lo tanto, una especie de «conocimiento latente» porque contiene una respuesta, aunque nunca es definitiva, al problema de coadaptación de las acciones personales emprendidas.[14]

En un proceso de exploración permanente «las libertades y restricciones varían con el tiempo y la circunstancias [...] y no pueden quedar establecidas» de una vez por todas.[15] Discurrimos, por así decirlo, dentro de una senda exploratoria en la que habrá errores, son inevitables, lo que en la prime-

---

[11] *Op. cit.,* pp. 243-244, énfasis añadido.

[12] *Op. cit.,* p. 84.

[13] Burke (1800), p. 11. La declaración de Burke no es otra cosa que una forma nueva de expresar la idea de la mano invisible de Smith.

[14] No es coincidencia que en tiempo más próximo a los nuestros Merton (1968, p. 1120) escribió que «las contribuciones intelectuales *distintivas* de los sociólogos se encuentran fundamentalmente en el estudio de las consecuencias (entre las que están las funciones latentes) de la práctica social.

[15] Burke ([1790] 1951, p. 58.

ra ocasión es perjudicial puede ser excelente en otra ocasión más remota y planes muy plausibles, con inicios muy satisfactorios, a menudo han llevado a escandalosos y lamentables «resultados a su término».[16] Puesto que la omnisciencia no es un atributo de ninguna persona, tenemos que evitar la «monarquía absoluta» y también la «democracia absoluta».[17]

Burke llamaba en su apoyo al filósofo griego Aristóteles[18] y es sabido que el Estagirita había advertido sobre una clase de democracia que es «comparable a la monarquía en su forma tiránica».[19] La analogía radica en el hecho de que «una y otra ejercen un control despótico de los mejores y sus decretos, votados en asamblea, son como las órdenes de un tirano, y los demagogos y aduladores son el mismo pueblo, o un grupo de personas que, en ambos casos, influyen decisivamente en quienes gobiernan.»[20] En estas situaciones las leyes no son «soberanas» y donde esto sucede no hay constitución.[21] Tampoco hay democracia «en sentido propio», porque ningún decreto de los que dicta el gobierno es «universal»; es decir, igual para todos.[22]

El «gobierno de los humanos» no hace posible nuestra libertad de elección y agrava las consecuencias que ocasiona nuestra condición de «ignorancia y falibilidad». Esto quiere decir que las discusiones que «desgarran los Estados» no deberían tener como objetivo la búsqueda de las personas a las que confiar el ejercicio del poder sino «la forma en la que ese poder tiene que ser practicado».[23] Esto inevitablemente conduce al abandono de toda fuente de conocimiento que alegue ser inmune al error y respaldar el gobierno de la ley,

---

[16] Ibíd.
[17] *Op. cit.,* p. 121.
[18] Ibíd.
[19] Aristóteles (B) 1292a.
[20] Ibíd.
[21] Ibíd.
[22] Ibíd.
[23] Burke (1791), p. 97.

entendido como *habitat* regulatorio que alberga el proceso de exploración de lo desconocido y corrector de errores.

Aunque se ha escrito que Smith y Burke pueden ser considerados complementarios, la influencia del primero sobre el último es mayor.[24] Y su influencia también parece haber sido muy fuerte en Benjamín Constant que nos ofrece un testimonio directo del fervor intelectual que encontró en la capital Escocesa:

> el compromiso con los estudios, entre los jóvenes de Edimburgo, estaba de moda y al efecto se reunían en asociaciones literarias y filosóficas. Yo también llegué a ser miembro de alguna y aunque el inglés no era mi lengua, conseguí destacar como escritor y orador. Conseguí también establecer relaciones cordiales y cercanas como muchas personas que, ya en su madurez, habían alcanzado cierta fama. Como Mackintosch que era Royal Minister of Justice en Bombay, [y] Laing uno de los continuadores más destacados de Robertson.[25]

Theodora Zemek escribió que, en Edimburgo, Constant adquirió un conjunto de conocimientos, formas de pensar, y un método histórico y científico de enfocar la filosofía moral.[26] Esto es tan cierto «que si la teoría moral e histórica de la Ilustración Escocesa no lo tuviera en cuenta, si el hecho de que Constant estuvo en Edimburgo mientras Smith, Ferguson y Dugald Stewart residían allí, es ignorado, entonces llega a ser imposible captar el espíritu que invade y unifica todo el pensamiento de Benjamín Constant.[27] En realidad, «contem-

---

[24] Fue Dunn (1941) quien considera a Smith y Burke como «compatriotas complementarios».
[25] Constant (1907), pp. 10-11. Constant definió su experiencia de Edimburgo «la más satisfactoria de toda su vida» (*op. cit.,* p. 10).
[26] Zemek (1987), p. 50.
[27] Ibíd.

plado fuera del contexto de la Ilustración Escocesa su pensamiento puede llegar a parecer «cismático y confuso».[28]

Constant asumió la senda «escocesa» y escribió:

> La imaginación puede inventar una aplicación singularmente útil de una autoridad sin límites, suponiendo que siempre será ejercida, conforme a lo que nos sugiere la razón, el interés de todos y la justicia, capaz de elegir sin incurrir en error alguno los medios de naturaleza noble y éxito seguro, que, de algún modo, someten a los humanos sin degradarlos. En una palabra, actuando de la misma forma que los creyentes conciben la acción de la providencia, combinando a la vez, la fuerza del que ordena y la convicción del que, al hacerlo, logra alcanzar lo que en el fondo de sus corazones anhelan los humanos.[29]

Pero ¿acaso cabe concebir el poder de la misma forma que la providencia y por esta razón hacerlo ilimitado? Constant replica a esto y considera que es necesario tener en cuenta que

> el gobierno, si no es infalible, como tampoco lo son los más ilustrados entre los que gobiernan, para poder intervenir en las relaciones que se dan entre las personas con más acierto

---

[28] Ibíd Fontana (1988, p. 33) llegó a decir que los *Principios* de 1806 «se pueden leer como un comentario apropiado y completo de la *Riqueza de las Naciones*», Fontana (1991, p. 39). Dijo además que «La mayoría de las cosas que Constant escribió durante su vida fueron siempre muy cercanas a la visión histórica y sociológica de Montesquieu y Adam Smith, los dos autores que el más admiraba y que con más frecuencia citaba en sus obras.» Sin embargo, es necesario puntualizar que Constant (1980, pp. 304-305) consideraba que Monstesquieu, de la disciplina conocida con el nombre entonces de Economía Política, solo tenía «nociones superficiales», y por tanto era necesario evitar «tenerlo como una guía». Cabe añadir, como ya sabemos, la crítica dirigida por Constant contra Montesquieu en el área del análisis político, acerca de la diferencia entre la república y la monarquía (véase capítulo 4 al final de la nota a pié de p. 93). Sobre la influencia escocesa en Constant véase también Wood (1986, pp. 151-156) y de Luca (2003, pp. 112-113; 2017, p. 32 y nota a pie 8).

[29] Constant (1980), p. 68.

del que estas mismas personas podrían emplear, haciendo uso de sus facultades, necesitaría poseer ciertas prerrogativas que le permitieran diferenciar mejor lo que es ventajoso y lo que resulta dañino.[30]

También necesitamos suponer que «si el gobierno, a pesar de su superior perspicacia, comete errores, éstos resultan ser menos desastrosos que los que puedan llegar a cometer las personas.[31]

Por lo tanto, no es posible considerar a los gobernantes como una fuente de conocimientos inmunes al error, o como poseedores de alguna clase de «conocimiento superior».[32] Ellos están sometidos a la misma condición de ignorancia y falibilidad de la que participamos todos. Aquellos a los que otorgamos poder «están sujetos, como todos los demás, al error»[33] y utilizan sus propios errores como pretextos «para justificar otras decisiones de las que derivan errores adicionales.[34] Por lo tanto «cada ampliación de la autoridad con la que han sido investidos los gobernantes» contribuye a crear una

---

[30] Ibíd.

[31] Ibíd. Años después, considerando el trabajo de Filangieri, Constant (1822, p. 36) abordó el problema de nuevo. El criticaba al pensador italiano por considerar al legislador un ser aparte, por encima del resto de los humanos, necesariamente mejor y más ilustrado que el resto de los mortales. El añadía que el autor de *La scienza de la legislazione* «se había convertido en una especie de fantasma que su propia imaginación había creado», atribuyéndole un poder que rara vez pensaba limitar (ibíd.) y llegaba a la conclusión de que, conforme al pensador italiano, uno podía llegar a pensar que la ley «desciende del cielo pura e infalible, sin necesidad de recurrir a intermediarios cuyos errores la distorsionan, cuyos cálculos personales la desfiguran, y cuyos vicios la marcan y la hacen perversa […] la ley es obra de humanos […] no merece más mérito ni confianza que el que puedan ofrecer sus autores» (*op. cit.,* p. 39).

[32] Constant (1980), p. 227.

[33] *Op. cit.,* p. 130.

[34] *Op. cit.,* p. 271

auténtica «fuerza ciega».[35] Los errores no son sino las consecuencias inintencionadas negativas de nuestros actos.

¿Qué cabe hacer frente a ellas? No cabe otra solución a este problema que la limitación de la esfera de intervención de la autoridad pública, de manera que se haga posible la competencia de decisiones.[36] Un *hábitat* regulatorio que permita a cada uno ejercitar su libertad de elección, movilizando de esta forma tanto sus conocimientos como sus recursos. Esta es la condición que hace posible institucionalizar un proceso de ensayo y error, que nos permita avanzar y progresar en el mundo de lo desconocido.

Sin embargo, queda sin resolver el problema de como impedir que las personas invadan la esfera de autonomía de los demás. El interés «correctamente entendido» de cada ser humano es el que deriva del beneficio que supone la cooperación de los demás.[37] Esto tiene que ser realizado cumpliendo las «normas de la justicia».[38] Estas normas no son las que dicta una jerarquía de fines obligatoria. Son normas que simplemente impiden a la persona que actúa «dañar a cada una de las demás personas.»[39] Son normas que no imponen

---

[35] *Op. cit.,* p. 68.

[36] *Op. cit.* Para una mejor comprensión es útil citar dos pasajes de Constant. El primero tomado de sus Principios: «Puesto que la acción emprendida en nombre de todos es necesariamente, nos guste o no, la acción de unos pocos se deduce que al conferir poder sobre todos los demás, no es verdad, en absoluto, que no se le otorgue a nadie. Al contrario, se les otorga a aquellos que actúan en nombre de todos (*op. cit.,* pp. 33-34). El segundo pasaje es de los *Principios* de 1815: «tan pronto como la soberanía tiene que hacer uso del poder, lo mantiene o, en otras palabras, tan pronto como es necesario proceder a la organización del poder en la práctica […] la acción emprendida en nombre de todos es inevitablemente, nos guste o no, la acción de una persona en concreto, o de unas pocas personas en concreto y, por lo tanto, sucede que sometiendo a todos […] cada uno se somete a aquel o aquellos que obran en nombre de todos» (Constant [1815] 1872, pp. 10-11).

[37] Constant (1980), p. 468.

[38] Ibíd.

[39] *Op. cit.,* p. 24.

hacer el «bien», y solo nos impiden «causar daño», «hacer el mal».[40] Son normas que crean un «orden abstracto» que deja indeterminado el orden resultante, en concreto, de las acciones emprendidas por cada uno de nosotros al elegir libre e intencionalmente lo que intercambiamos con los demás. Pero este orden no es nunca el plan de alguien. Nos movemos en el marco de la «utilidad de las normas» o el «gobierno de la ley».[41]

Aunque Constant fue crítico con algunos de los juicios de Burke, los dos se beneficiaron de la influencia de Smith. Fue Burke quien supo predecir que el extremismo revolucionario llevaría al jefe del ejército a convertirse en el «amo» de Francia,[42] y fue Constant quien supo recapacitar sobre las consecuencias del Terror.[43]

---

[40] *Op. cit.,* p. 534.

[41] Cabe entonces entender la crítica que Constant hacía en contra de Bentham a quien Constant reprochaba, en particular, por no ver que» un derecho es un principio y la utilidad solo un resultado» (*op. cit.,* p. 60).

[42] Burke ([1790] 1951), p. 216.

[43] Para una amplia discusión de la influencia de Smith en Constant, véase Infantino (2019), pp. 49-84. Es también importante señalar que la expresión «interés correctamente entendido» será utilizada más tarde por Tocqueville con idéntico propósito ([1835]1994, vol. 2, p. 123), a quien se le puede claramente rastrear la influencia de Constant y también de Quizot, de quien había sido alumno en la Sorbona. Utilizando la teoría de las consecuencias no intencionadas Quizot ([1828] 1885) explicaba, en particular, el nacimiento de la libertad de elección en Europa. Sobre la relación entre los llamados «doctrinarios y Tocqueville, véase De Sanctis» (1986, p. 23). Para un tratamiento más general del liberalismo doctrinario, inspirado por el evolucionismo británico, véase el clásico trabajo de Diez del Corral (1956) que desarrolla una idea de Ortega y Gasset ([1930] 1946-83g, pp. 123-129).

5.2. EN EL FONDO DE LA TEORIA ECONOMICA: EL UTILITARISMO EN SENTIDO AMPLIO Y ESTRICTO

Lo que los «Darwinianos antes de Darwin» argumentaban demuestra que expresión «economistas clásicos» reúne dos tradiciones de investigación que tienen que ser distinguidas claramente. Los evolucionistas pueden ser considerados utilitaristas en un sentido amplio. Ellos entendían que la transformación del cerebro en una mente humana no era producto de una planificación consciente, por lo tanto, no había un primer ser humano y tampoco había un *comienzo* de la sociedad. Eran conscientes de que el conocimiento de cada ser humano era parcial y falible, y que para aprovecharse de los resultados inintencionados de las acciones que tienen carácter positivo, y defenderse de los negativos, es necesario institucionalizar un proceso dilatado de exploración de lo desconocido y corrector de los errores. Reconocían que la condición de escasez es la que da lugar a la dimensión económica de la vida.[44] Abandonaban la pretensión de imponer una configuración dictada por alguna clase de autoridad (divina y/o humana). Manifestaban que se necesitan normas generales y abstractas que permitan el más amplio desarrollo del proceso de cooperación social, porque esto favorece el nacimiento de lo «imprevisto» e «imprescindible», aquellas cosas que las personas no son capaces de planear y que desearan cuando el proceso de cooperación las haga disponibles.[45]

Como ya sabemos (cf. Capítulo 3, sección 3.5), junto al utilitarismo en un sentido amplio existe un utilitarismo en sentido estricto que es la versión «sicologística del contrato social».[46] Esta opera con la idea del «*inicio de la sociedad*» y una naturaleza y sicología humanas que son anteriores a la

---

[44] Infantino (2020a), pp. 5-18.
[45] Hayek (1959), p. 29.
[46] Popper (1966), vol. 2, p. 93.

existencia de la sociedad.[47] Los que actúan en sociedad «no tienen otras propiedades sino aquellas que son derivadas de la ley de la naturaleza de la persona humana».[48] Por lo tanto no es una sorpresa que Jeremy Bentham escribiera:

Entre los principios adversos al de la utilidad que, al día de hoy, parece que es el que tiene más influencia en asuntos de gobierno, está el que yo he llamado el principio de afinidad y antagonismo. Por el de afinidad entiendo uno que lleva a las personas a aprobar o desaprobar ciertas acciones sin tener en cuenta su tendencia a aumentar o disminuir la satisfacción de los interesados en la cuestión, sino simplemente porque la persona está dispuesta a aprobarla o desaprobarlas.[49]

Por lo tanto, el utilitarismo en sentido estricto impide la posibilidad de entender que la afinidad no es una cuestión de sentimientos. Es un instrumento mediante el cual nos ponemos en la situación del otro, para tratar de ver como enjuicia nuestros actos, y así intentar identificar las expectativas a tener en cuenta, para conseguir la cooperación de los otros. No se trata solo de considerar lo que nosotros intentamos conseguir que, por supuesto, es importante, sino que la misma importancia tiene lo que sabemos que otros van a hacer o dejar de hacer, porque sin su intervención, todos nuestros proyectos quedan incumplidos o inoperantes.

Si adoptamos el enfoque de Bentham, permanecemos ciegos al proceso de interacción social y de mutua coadaptración de las acciones, y tendríamos que seguir a John Stuart Mill quien, en consonancia con lo que decía Bentham, sostenía: que la economía política se interesaba de la especie humana, en la medida que se ocupa solamente «de satisfacer el deseo de acumular riqueza y emplearla en producir también

---

[47] Ibíd. Énfasis añadido.
[48] Mill ([1843] 1892), p. 531.
[49] Bentham.

riqueza».[50] Esta es la idea del *homo economicus* cuya inadecuación no cabe ocultar. Cosa que se puede demostrar simplemente, cuando caemos en la cuenta de que si la dimensión económica de la acción humana coincide con el simple «deseo» de «acumular riqueza», sería suficiente suprimirlo para hacer que el aspecto económico de la vida humana desapareciese. Esto no sucede, porque incluso las personas que son capaces de contener aquel deseo de enriquecerse, más y más, siempre acabarán topando con la condición de escasez, y esta no cabe eludirla ni siquiera por aquellos que viven en formaciones sociales, donde ese deseo está sometido a un control severo o incluso, cuando intentan suprimirlo por completo.

Si seguimos la senda que nos indica la tradición utilitarista en sentido estricto, tenemos que continuar atribuyendo características económicas solo a las acciones dirigidas a atesorar riquezas, mientras que la dimensión económica, precisamente porque no puede liberarnos nunca de la escasez, está presente en toda acción humana. El hecho es que todo aquello a lo que llamamos erróneamente acciones económicas, constituyen solamente esta porción relacionada con la búsqueda, y la utilización de medios (escasos) que se aplican a conseguir objetivos que no son de carácter económico.

El utilitarismo en sentido propio se encuentra por tanto en un territorio completamente separado del evolucionismo. No anticipó a Darwin y después de la aparición del *Origen de las Especies* fue incapaz de absorber la lección Darwiniana. Esto queda demostrado, en particular, por la carrera de John Stuart Mill. En relación con ésto Russelll escribió acertadamente:

> Es un tanto sorprendente que Darwin y su teoría de la evolución tuvieran tan escasa influencia en Mill y todavía más curioso es que citara con tanta frecuencia a Herbert Spencer.

---

[50] Mill ([1843] 1892), p. 546. El pasaje está también incluido en Mill ([1844] 1967), p. 122.

Parece que él había aceptado la teoría Darwiniana sin considerar sus implicaciones. En el capítulo de su *Lógica «on Clasifications»,* habla de las *«especies naturales»* al modo enteramente pre-Darwiniano e incluso sugiere que las especies reconocidas de animales y plantas son «especies ínfimas», en el sentido escolástico, aunque el libro del *Origen de las Especies* probaba que esta idea era insostenible. Era natural que en la primera edición de su *Lógica* que apareció en 1843, no se tuviera en cuenta la teoría de la evolución, pero es extraño que no se hiciera modificación alguna sobre este punto en las posteriores.[51]

Russell añadía: «No pienso que Mill, una persona muy inteligente y siempre al día, concibiera a los humanos como uno más entre los animales o se apartara de la idea muy extendida en el siglo dieciocho, de los humanos como seres «fundamentalmente racionales.»[52]

Como las manifestaciones de Russell demuestran, hay en Mill (y en el utilitarismo en sentido estricto) una incapacidad para reconocer que la naturaleza y toda la vida humana, están movidas por un proceso evolucionario de carácter ateleológico. Desde un punto de vista económico, Mill prefiguraba la «situación estacionaria»[53] y desde un punto de vista social, creía que el futuro podría estar intencionalmente determinado a través de esos «medios artificiales» que constituyen «lo más noble y las porciones más beneficiosas del arte de la política».[54] de esta forma el «gobierno de la ley» da paso al «gobierno de los humanos». La política es la variable independiente del sistema social. Esta es la razón por la que Halévy correctamente argüía que en Bentham y sus seguidores, «el

---

[51] Rusell (1956), p. 118.
[52] Ibíd.
[53] Mill ([1848] 1965), vol. 2, p. 754.
[54] Mill ([1843] 1892), p. 565.

160

legislador es el gran distribuidor de todo.[55] No hay nada que limite el poder. El orden esto a sabiendas decidido.[56]

En consecuencia, no podemos hablar de «economistas clásicos» como si se tratara de un grupo homogéneo y compacto. Joseph Schumpeter lo ha destacado.[57] El llegó a esta conclusión centrándose en las posiciones políticas de los distintos autores implicados y, sin embargo, incluso más que política, las diferencias son metodológicas, es decir, debidas a los diferentes supuestos gnoseológicos, en los que los evolucionistas y los utilitaristas en sentido estricto basaban su investigación. Estos son problemas que, incluso después de Darwin, brotan de nuevo en el seno de la «economía neoclásica». Carl Menger era un evolucionista. Pero William Stanley Jevons y León Walras eran estrictamente utilitaristas. Jevons estaba directamente inspirado en Bentham. Es muy significativo que manifestase: «la satisfacción y el sufrimiento son, en último término, indudablemente las dimensiones de las que se ocupa el cálculo de la economía,»[58] y asignaba a la teoría económica el estudio de las formas de satisfacer «nuestras necesidades con el mínimo esfuerzo o sufrimiento.»[59] Walras pensaba que la ciencia social es como una especie de «mecánica de las fuerzas morales.»[60] El creía que podía establecer científicamente las «leyes de la actividad humana», de la misma forma que las «leyes que mueven la tierra alrededor del sol.»[61]Por lo tanto, en la obra de Jevons y Walras hay presente una clara ambición constructivista que impide eludir el estrecho horizonte del

---

[55] Havély ([1901] 1972), p. 487. Esto debería haber prevenido a Havély para evitarle ver a Bentham como «el discípulo de Hume y Smith» (*op. cit.,* p. 142).

[56] Para una discusión más amplia véase Infantino (2008), pp. 69-111 y 146-152.

[57] Schumpeter (1954), p. 53.

[58] Jevons ([1871] 1888), p. 37.

[59] Ibíd.

[60] Walras (1896), vol. 1, p. 14.

[61] *Op. cit.*

orden social intencional.[62] Esto está en contradicción con el descubrimiento del fundamento subjetivo del valor.

Menger se posicionó justo en el lado opuesto. Los rasgos antropológicos de *homo mengerianus* son la ignorancia y la falibilidad. No es un «calculador iluminado»[63], está «mal o poco informado, se equivoca, plagado de incertidumbres siempre dudando entre abrigar esperanzas o temores, y congénitamente incapaz de tomar decisiones bien calculadas.[64] Sus acciones «vienen siempre acompañadas de consecuencias inintencionadas, a las que debemos el nacimiento no planeado de tantas instituciones sociales. El lenguaje, la familia, la ciudad, el Estado, la ley, el dinero, costumbres que nacieron «sin compulsión legislativa, incluso sin consideración a su interés público, simplemente por un impulso del interés personal y como resultado de la activación de estos intereses.[65]

Las acciones personales y las consecuencias no intencionadas van de la mano. Los humanos que actúan no pueden controlar o predecir la secuencia completa de los resultados

---

[62] Sobre el constructivismo social, véase Hayek (1978), pp. 3-32. La ambición de establecer un orden social intencional contiene una idea mecanicista que se remonta en el tiempo más allá de Newton, hasta Descartes y que ejerció una poderosa influencia en el utilitarismo inglés y en el positivismo Francés. Guyau (1885, p. 5) escribió con acierto: «Los discípulos de Bentham comparaban a su maestro con Descartes: «Dame la materia y el movimiento y yo construiré el mundo», decía Descartes. Bentham, a su vez, podría decir: «Dame los efectos humanos, el gozo y el dolor, la pena y el placer, y crearé un mundo moral. Produciré no solo justicia, sino también generosidad, patriotismo, filantropía, y todas las virtudes sublimes y afectuosas en su grado más puro».

[63] Jaffe (1986), p. 571.

[64] Ibíd.

[65] Menger ([1883] 1996), p. 137. Desde la publicación de su *Grundsätze der Vollswirtschafts lebre* el economista austriaco llamó la atención sobre el caso del dinero como una institución nacida sin que nadie en concreto la planeara (Menger [1871]1994). El tema del origen inintencionado de instituciones sociales fue después discutido con extensión en su *Untersuhungen über die Methode des Socialwissenschoften und der politischen Ökonomic insbesondere* (Menger [1883] 1996). Menger dedicó también un estudio más específico *Geld* al nacimiento del dinero (Menger [1892] 2002).

producidos por sus acciones. Hay un proceso social del que no podemos predecir todas las consecuencias.

Menger fue consciente de la fractura entre el enfoque del evolucionismo y el del utilitarismo en sentido estricto. Esto viene confirmado por un hecho. Después de un breve intercambio de cartas, formulaba a Walras el siguiente juicio a modo de conclusión: «No hay conformidad entre nosotros. Hay una analogía de conceptos en unos pocos puntos, pero no en cuestiones decisivas».[66] Hayek decía bien cuando argumentaba que Menger «fue, en los tiempos modernos, uno de los primeros en promover el renacimiento del individualismo metodológico de Adam Smith».[67] Pero el fundador de la Escuela Austriaca no estaría de acuerdo. Veamos cual es la razón.

Desde el prefacio a este volumen, sabemos que el «individualismo metodológico» coincide con lo que Menger llamaba el «método compositivo» y que en el estudio del fenómeno social exige arrancar de los elementos más simples y, una vez hecho esto, operar con ellos hasta llegar a los más complejos.[68] Si consideramos esto no parece que lo manifestado por Hayek pueda ser objeto de disputa. Pero Menger, en una página de su *Untersuchungen* escribió que: «Adam Smith y su escuela aspiraba «al conocimiento *pragmático* [intencional] de la economía», por tanto de esta forma excluyen el conocimiento teórico del «amplio reino de las estructuras sociales

---

[66] Kauder (1965), p. 100. Ver también Antonelli (1953). Como es bien conocido, las reservas de Menger respecto a Walras fueron más tarde convertidas por Hayek (1949, pp. 35-56) en una crítica a su modelo de equilibrio económico general. Esta crítica, entre otras cosas, llama la atención sobre la ausencia del proceso social indispensable para poder coadaptar los planes individuales de cada uno de los que actúan en el mercado. Walras actúa bajo el supuesto de que esas personas si no son omniscientes conocen todos los datos relevantes. Esto hace innecesario el proceso de ajuste porque quién opera sabe, por adelantado lo que puede o no puede hacer en el mercado. El equilibrio existe ya, no hay que alcanzarlo.

[67] Hayek (1949), p. 4, nota 3.

[68] Ver prefacio y final nota 11.

creadas de manera no intencional».[69] Y esto no era todo, unas pocas líneas después, Menger añadía que Edmund Burke fue el primero en demostrar «con pleno conocimiento» que «numerosas instituciones de su país que verdaderamente eran de una gran utilidad y motivo de orgullo para los ingleses, no eran el resultado de la legislación positiva o de la voluntad común de la sociedad, sino el resultado inintencionado de un proceso de desarrollo histórico producido a lo largo del tiempo.»[70]

¿Qué se puede decir sobre esta clase de juicio? Menger situaba a Smith en un área teórica que es exactamente opuesta a la que él realmente ocupaba, por lo tanto, omitía todo su entramado teórico y la influencia que él (y Hume) ejercieron en la obra de Burke. Por lo tanto, es cierto que eran las ideas de este último, justo como argumentaban los estudiosos austriacos, las que proporcionaron a Friedrich von Savigny los argumentos que utilizaba para sostener que «al menos originalmente y como el lenguaje, la ley no es un producto [...] o una actividad de las autoridades públicas que las promulgan».[71] Pero Burke que fue siempre hostil al mito del Gran Legislador y estaba firmemente vinculado a la idea del proceso social, suministraba lo que constituía «el gran descubrimiento y la aportación de los filósofos escoceses del siglo dieciocho».[72]

---

[69] Menger ([1883] 1996) p. 183.
[70] *Op. cit.,* p. 154.
[71] *Op. cit.,* p. 156.
[72] Hayek (1969), p. 103. Como un ejemplo de la posición de Savigny, vale la pena citar el siguiente pasaje: «todo este esfuerzo para mejorar las condiciones legales mediante, un gran movimiento depurador dirigido desde instancias superiores que aspira a regularlo todo, más y más, no es otra cosa que una nueva extensión de la desafortunada tendencia que ha caracterizado la vida pública desde hace mucho tiempo, la tendencia a querer gobernarlo todo y gobernar más y más [...]. Los adalides de este movimiento piensan que las cosas de este mundo mejoraron en gran manera, dando órdenes y dictando regulaciones de todo lo habido y por haber. Aunque sus intenciones pueden ser nobles y excelsas, la mayoría de todos aquellos que amargan nuestras vidas con excesivas regulaciones, anuncian a los cuatro vientos que lo están haciendo por nuestro bien y esperan nuestra

Puesto que eludía identificar la deuda intelectual de Burke, Menger (si hubiera vivido) no habría aceptado la vinculación que le atribuía Hayek. En apoyo a su crítica de Smith, habría reiterado que en *La Riqueza de las Naciones* hay una referencia a la teoría del valor trabajo, una versión de la teoría que presenta el valor económico de los bienes determinado por el coste de producción,[73] que es lo que hicieron sus más inmediatos seguidores (Eugen von Böhm-Bawerk y Friedrich von Wieser).[74] Pero aquí, siguiendo la lección sobre el método enseñado por Weber, necesitamos valorar si la importancia atribuída a la obra de Smith depende de su contribución al nacimiento de las ciencias sociales (y a la explicación del orden inintencional) o a su referencia, que es equivalente a una exclusiva *petitio principii,* a la teoría del valor trabajo. Y en esto también debería recordarse que, en la lógica de Mandeville, Hume y Smith, los valores sociales, incluyendo los económicos, son producidos por relaciones intersubjetivas. No es una coincidencia que Mandeville escribiera que todo lo que es humano se origina como consecuencia «de servicios recíprocos que los humanos se prestan entre sí».[75] Hume sostenía que «los metales preciosos no otorgan la riqueza que se les atribuye debido a las características materiales de soli-

---

gratitud (Sovigny 1816, p. 2). Para una aclaración adicional es útil añadir que Ehrlich ([1917] 1928, p. 84) escribió: Burke, Savigny y Puchta […] ven, y esto siempre ha sido subestimado bajo la idea de un pueblo o una nación, lo mismo que lo que nosotros llamamos hoy un Estado, entendido como un territorio bajo una soberanía». Es también importante tener en cuenta que en *Untersuchungen*, Menger ([1883] 1996, p. 183, nota 132) citaba la *Descriptive Sociology* de Spencer y en *Geld* (Menger [1892] 2002, p. 89, nota 2) refiriéndose a los *Principles of Sociology* también de Spencer, quien nunca ocultó la deuda intelectual contraída con Smith. Esto será discutido en la sección siguiente.

[73] Véase Menger ([1891] 2016). Lo que Smith escribió ([1776] 1976 – 83b, vol. 1, p. 47) fue precisamente: «El trabajo […] es la medida real del valor intercambiable de todas las mercancías».

[74] Para una discusión más amplia de la crítica de Menger a Smith véase Cubeddu (2018), pp. 13-33.

[75] Véase capítulo 2, final de la nota 66.

dez, peso y fusibilidad que tienen, sino por las satisfacciones y oportunidades que procuren a nuestras vidas.»[76] Smith señalaba que «cada una de las aptitudes que posee el ser humano se miden por lo que estima que vale esa misma facultad en los demás,»[77] y no ha dejado de recordar que el consumo es el único fin que persigue la producción.»[78]

Reconociendo esto, Menger podía, antes de Hayek, haber destacado la fractura que separa a los «Darwinianos antes de Darwin» de los defensores del utilitarismo en sentido estricto, y podía haber concretado mejor los puntos en los que su sistema teórico convergía y se separaba de los de Jevons y Walras.[79]

5.3. EN EL FONDO DE LA SOCIOLOGIA: LA DISCONTINUIDAD DE AUGUSTO COMTE Y LA CONTINUIDAD DE HERBERT SPENCER

Como es bien sabido, fue Augusto Comte quien acuñó el término «sociología». Y lo hizo «equivalente» a la expresión «física social», que él mismo había introducido. De esta forma, confiaba en «ser capaz de designar con un único término, aquella parte complementaria de la filosofía natural que se

---

[76] Hume ([1739 – 1740] 1930), vol. 2, p. 36.

[77] Véase capítulo 4, final de la nota 86.

[78] Smith ([1776] 1976 – 83b), vol. 2, p. 660.

[79] Es muy significativo que Kirzner (1992, pp. 134-136) escribiera que fue la influencia de Menger lo que condujo a que Mises y Hayek subrayaran la distancia entre el marginalismo austriaco y las restantes corrientes del «neoclasicismo». Evidentemente, como Hayek mismo enfatizó (1949, p. 47, nota 2), el utilitarismo en sentido estricto conduce a los economistas hacia una lógica pura de la elección, esto ya ha sido señalado en el prefacio. Y, no obstante, para explicar el fenómeno social es necesario recurrir al *habitat* institucional, y al proceso mediante el cual los que actúan les dan vida. Esto había sido bien captado previamente por Small (1907, p. 4). Para una discusión más amplia de este punto, véase Infantino (2020 b, p. 230).

ocupaba del estudio positivo del conjunto de leyes fundamentales a las que obedecen los fenómenos sociales.[80]

Comte era hostil a la idea de un orden inintencional. Esto ya estaba claro en su *Prospectus des travaux nécessaires pour reorganiser la société* que más tarde se convirtió en su *Plan de travaux*. El expresaba allí su reconocimiento a la obra de Montesquieu, pero daba preferencia a Condorcet, el «primero» en ver «precisamente» que la «civilización camina por una senda de progreso».[81] Este era también el caso de su *Cours de Philosophie Positive*. Comte no tardó mucho en reivindicar que «la primera y la más importante de toda la serie de trabajos existentes destinados al establecimiento y consolidación de las ciencias sociales [...] son los que Montesquieu, en primer lugar su trabado sobre la política Romana y en especial después, su *Espirit des Lois* «.[82] Comte también sostenía que Montesquieu contribuyó a derribar el mito del Gran Legislador.[83] Pero aquí, de nuevo, entronizaba a Condorcet y especificaba que su pensamiento había venido «precedido por las grandes y hermosas percepciones sobre la teoría de la perfectibilidad humana» presentes en la obra de Turgot.[84]

Por lo que se refiere a Adam Smith, lo consideraba un «filósofo sabio e ilustre», autor de un «inmortal» trabajo, pero «todavía vinculado» «como todos sus contemporáneos, incluso los más eminentes», a la «metafísica.»[85] Un juicio que extiende a toda la teoría económica inspirada por Smith que se encuentra afectada por un «vicio fundamental»: haber constatado, en cuanto a ciertas materias que están lejos de ser, de algún modo, las más importantes, la tendencia espontánea y permanente de los seres humanos a vivir dentro de un de-

---

[80] Comte ([1830 – 1842] 1970c), p. 201, nota a pie 1.
[81] Comte ([1822] 1970a), pp. 217-218.
[82] Comte ([1830 – 1842] 1970c), p. 193.
[83] *Op. cit.,* p. 195.
[84] *Op. cit.,* p. 201.
[85] *Op. cit.,* p. 213.

terminado orden necesario, de lo que se infiere que esta tendencia no exige estar regulada por instituciones positivas.»[86]

> Una parte esencial de su sistema completo de filosofía crítica, que, durante el periodo estrictamente revolucionario, llevó a cabo una tarea que fue indispensable, aunque solo de forma transitoria […], ha participado de forma apropiada y casi siempre honorable en la gran batalla intelectual que desacreditó radicalmente el complejo modelo político que el antiguo régimen había venido desarrollando desde la Edad Media […]. Esta función, puramente provisional, realmente constituye la principal aportación práctica de esta doctrina […]. el espíritu general de la economía política para cualquiera que haya valorado apropiadamente la totalidad de los escritos que se ocupan de esta materia conduce, al día de hoy, a sostener, como un dogma universal, que no es necesaria ninguna clase de sistema de intervención regulatoria.[87]

En consecuencia «el gobierno […] ya no se considera una institución al frente de la sociedad, destinado a aglutinar todas las actividades que ejercen las personas que la constituyen y dirigirlas hacia un objetivo común y colectivo».[88] Los gobernantes, por el contrario, están sometidos a la supervisión constante de los gobernados. El gobernante es como el ejército enemigo acampado en el centro de nuestro sistema social, contra el que la sociedad necesita fortificarse mediante garantías ya conseguidas, manteniendo una actitud permanente de desconfianza y hostilidad defensiva, dispuesta en todo momento a responder con la ruptura al menor síntoma de ataque.[89] El dogma de la soberanía del pueblo prevalece,[90] fundamentado en el dogma de la libertad de conciencia

---

[86] Comte ([1826] 1970b), p. 209, nota a pie 2.
[87] Comte ([1830 – 1842] 1970c, pp. 217-218.
[88] Comte ([1822] 1970a), p. 52.
[89] Ibíd.
[90] *Op. cit.,* p. 53.

ilimitada,[91] y donde se proclamó «esta soberanía de la razón de la persona humana *no hay sociedad*.»[92]

¿Cómo superar todo esto? Hay tres fases en la senda por la que discurre la humanidad: una vez superadas las fases teológica y metafísica, nos encontramos en la fase positiva en la cual ya nunca más prevalecerá «la arbitraria teología, el derecho divino de los reyes y la arbitraria metafísica o la soberanía del pueblo»[93] y los proyectos gubernamentales sustituirán al gobierno de los hombres.[94] Esta es la prefiguración de una sociedad política y económica que acabará consolidándose en lo sucesivo, al margen de la voluntad de cada uno de nosotros.

Para utilizar la terminología de Popper, nos enfrentamos aquí a una «profecía histórica incondicional».[95] De hecho, no hay indicación alguna de cómo puede llegar a lograrse ese objetivo final, cuya inevitabilidad depende solo de la afirmación de Comte que es el único que garantiza el destino que se está gestando.

En la mente de Comte, en realidad había algo diferente. El nuevo orden no llegaría a quedar establecido sin la intervención de la voluntad humana, sino que iba a ser una construcción deliberada, confiada a una clase específica de humanos, los «científicos», los únicos depositarios de una «doctrina orgánica», capaz de dirigir nuestras vidas, el único grupo que podía ponerse al frente de toda la sociedad para servir como guía y agente de la actividad general del conjunto.[96] Es una idea que sirve para apuntalar una forma vulgar de absolutismo gnoseológico. Decía Comte:

En astronomía, física, química y fisiología no hay ninguna cosa como la libertad de conciencia; sería absurdo que cada

---

[91] *Op. cit.,* p. 52.
[92] *Op. cit.,* p. 53. Énfasis añadido.
[93] *Op. cit.,* p. 103.
[94] *Op. cit.,* p. 102.
[95] Popper (1991), pp. 336-346.
[96] Comte ([1822] 197a), p. 52.

uno pudiera pensar lo que quisiera al respecto, en contra de los principios de estas ciencias establecidos por pensadores competentes. Si el caso es diferente en la política, esto deriva de que los viejos principios han sido abandonados y los nuevos no están todavía bien establecidos, de forma que durante este interregno se diría que los principios no están establecidos en su justo sentido. Pero convertir esta transitoriedad en un dogma absoluto y eterno, y tratarlo como un principio fundamental, equivale a proclamar que la sociedad debería continuar privada de una doctrina básica y general. Hay que admitir que esta clase de noción merece ser acusada de anarquía, que es lo que vienen haciendo los más capaces y hábiles defensores del sistema teológico.[97]

La premisa de ignorancia y falibilidad, que dio lugar al nacimiento de las ciencias sociales, ha sido arrancada desde sus raíces. Nadie lo sabe todo, pero de alguna forma, un reino de los más sabios es posible. Por así decirlo, los científicos, a los que se atribuye una especie de omnisciencia, lo hacen posible. El problema de las consecuencias no intencionadas queda borrado del mapa[98] y cada fenómeno social tiene que ser interpretado a la luz del plan de la historia, cuyo único custodio es el *sabio*.

Por lo tanto, existe una discontinuidad completa con los logros principales conseguidos por los conocimientos durante el siglo dieciocho. Pero este legado no se perdió y fue preservado gracias a Herbert Spencer que mantuvo ese supuesto de ignorancia y falibilidad que es el origen de las ciencias

---

[97] *Op. cit.*, p. 53.
[98] Por lo tanto, no es ninguna sorpresa que Comte (*op. cit.*, p. 9) afirmara: «Una filosofía superficial, que convierte este mundo en un escenario perfecto para los milagros, ha exagerado al máximo el papel del azar […]. Todo humano razonable de nuestros días admite que el azar juega un papel muy pequeño. La consecuencia de todo esto es que cada suceso negativo, incluso si se ha producido de forma no intencionada por algún científico, no tiene que ser atribuido a la incapacidad para controlar los fenómenos sociales, sino a la voluntad de algún *enemigo* de la sociedad que acecha oculto».

sociales. Como escribió Spencer: «el científico auténtico iba investigando, profundamente convencido, de que el universo es un problema insoluble [...]. En todas direcciones, sus investigaciones finalmente le situaban, frente a frente, con lo desconocido y cada vez percibía con mayor claridad que aquel problema era insoluble.»[99]

Spencer nos recordaba que, en primer lugar, él había abordado el problema del nacimiento de las reglas morales en su *Social Statics*, un trabajo que se publicó a finales de 1850 y se dató en 1851;[100] él confesaba que siempre había hecho uso de la teoría de la afinidad.[101] De hecho él planteó la cuestión siguiente: si cada humano se ve impulsado a «afirmar y defender su propia libertad de acción», ¿en qué momento percibe el derecho de los demás a hacer lo mismo?[102] A lo que había respondido:

> El camino a la solución de esta dificultad ha sido abierto por Adam Smith en su *Theory of Moral Sentiments*. El objetivo de esta obra es demostrar que la adecuada regulación de nuestra conducta hacia el otro está asegurada por medio de una facultad, cuya función es excitar en cada ser los sentimientos que despliega todo lo que rodea [...] una facultad que, en resumen, recibe, por lo regular, el nombre de la afinidad.[103]

En otras palabras, la identificación de lo que esperamos de los demás es lo que permite la co-adaptación de las acciones, el beneficio mutuo y la cooperación social.[104]

---

[99] Spencer (1857), p. 485. Como sabemos, Spencer estaba dedicado entonces a la primera parte de su *First Principles* que trata de este tema (Spencer [1862] 1887, pp. 3-12).
[100] Spencer ([1884] 1978), vol. 1, p. 25.
[101] *Op. cit.,* p. 24.
[102] Spencer ([1851] 1995), p. 89.
[103] Ibíd.
[104] Spencer ([1879] 1907), p. 120.

Las normas y las instituciones sociales han surgido sin que nadie en concreto las haya inventado o proyectado, son el resultado inintencionado «de los ingentes esfuerzos que han venido desplegando, desde el principio, los seres humanos para satisfacer sus necesidades.»[105] Esta idea recorre toda la obra sociológica de Spencer. De nuevo, siguiendo la senda que marcara Adam Smith (en este caso por medio de las afirmaciones que contiene su obra sobre *La Riqueza de las Naciones*) y refiriéndose a la división del trabajo, Spencer escribía:

> «Aunque cada ciudadano haya estado, en todo momento, buscando su bienestar personal y nadie haya pensado en la división del trabajo o haya sido consciente de su necesidad, esta, paso a paso, ha llegado a ser cada vez más completo, y lo ha hecho lentamente y en silencio, sin que nadie lo advirtiera hasta tiempos muy cercanos.»[106]

Es más, Spencer explicaba que la «génesis» de los gobiernos desde los más sencillos a los más complejos, está determinada por las condiciones que permiten a gobernados y gobernantes, co-adaptar sus respectivas acciones, no por las intenciones que hubiera podido abrigar alguien.[107] Entendía que las reglas y las instituciones sociales pueden cambiar indefinidamente,[108] como resultado del reajuste continuo de los proyectos personales,[109] y subrayaba que el «progreso social no era lineal.»[110] Veía en la cooperación social un proceso sin causa final, combatía la ilusión de que la sociedad fue creada «de la nada», y por lo tanto que fue «artificialmente

---

[105] Spencer (1860), p. 92.
[106] *Op. cit.,* pp. 91-92. Spencer (1852, p. 20) había hecho uso ya de la idea de la división del trabajo. En particular, él había argumentado que contribuía y hacía posible mejorar las condiciones en las que se desarrollaban nuestras vidas.
[107] Spencer (]1877 – 1896] 1978), vol. 2, p. 395.
[108] Spencer ([1884] 1978), vol. 1, p. 24.
[109] Spencer (1873), p. 346.
[110] Spencer ([1877 – 1899] 1906), vol. 3, p. 331.

congregada por la voluntad de alguien, ya fuera divino o humano[111] y en consecuencia insistía en que si en un organismo vivo «el conocimiento se concentra en una pequeña parte del agregado», aunque

en el resto [el organismo social] esté difundido por todo el agregado, todas las unidades poseen la capacidad para experimentar el bienestar y la desdicha, si no en igual grado, en grados que se aproximan unos a otros […], *no hay un centro de sensaciones,* el bienestar del agregado, considerado como independiente de las unidades, no es un fin buscado. La sociedad existe para el beneficio de sus miembros, no sus miembros para el beneficio de la sociedad.[112]

---

[111] Spencer (1860), pp. 90-91. Esto es lo que Spencer decía finalmente: «Sir James Mackintosh consiguió una gran reputación por decir que «las constituciones no se fabrican, se desarrollan […]. Esta clase de concepción no nos sobrecogería cuando la encontramos en medio de un sistema de pensamiento que se le asemeja en todo […], las cosas se explicaban bajo la hipótesis de la fabricación en lugar de la del desarrollo […] y en armonía con esta clase de ideas, se suponía tácitamente que las sociedades tenían que ser, de alguna forma, constituidas a propósito, ya fuera por interposición de la Providencia o por la regulación de los que legislan o por ambos. No obstante, que no están artificialmente congregados es una verdad tan manifiesta que parece extraordinario que los humanos lo olvidaran. No necesito más que mirar los cambios que se producen a nuestro alrededor u observar la organización social en su peculiaridad más destacada, para ver que no hay ni la voluntad de poderes sobrenaturales ni la de personas concretas».

[112] Spencer ([1877-1896] 1906, vol. 1, p. 461, énfasis añadido. Esto demuestra que la observación de Caser (1977, p. 99) según la cual Spencer fracasó a la hora de conciliar su «individualismo y organicismo» está fuera de lugar. Insistir en que es equivalente a hacer oscuro lo que ya es claro. El hecho de que Spencer niega a la sociedad la posibilidad de tener un centro de sensaciones colectivo indica que su organicismo es solo una analogía, cuyo uso es solo limitado e instrumental. Necesitamos, siguiendo una vez más el método de Weber, preguntarnos si la explicación del fenómeno social de Spencer, vaciada de su analogía, puede mantenerse, y lo que se dice en el texto proporciona una respuesta inequívocamente positiva. Para un análisis de la perspectiva adoptada aquí, véanse los trabajos de Durkheim, Simmel y Weber y para la relación de los dos últimos con la Escuela Austriaca de Economía, véase Infantino (1998, pp. 57-130) con respecto a la sociología de Pareto, véase Infantino (2020a, pp. 181-218).

Para continuar en el territorio exclusivo de las ciencias sociales, Spencer no estaba solamente en deuda con Adam Smith. Él está influido por Erasmus Darwin que se había beneficiado, a su vez, de lo conseguido por David Hume. Encontró en Mackintosh una confirmación de partes significativas de lo que había sido desarrollado en Edimburgo.[113] Él contaba con el *Essay on the Principle of Population* de Thomas R. Malthus.[114] Y, en cualquier caso, entendía que la teoría de la evolución había tenido su primera aplicación en el fenómeno de la vida en sociedad.

Charles Darwin también estaba en deuda con las ciencias sociales. Para ello tenemos su propia confesión de haber encontrado inspiración en Malthus:

> En octubre de 1838; es decir, quince meses después de que hubiera comenzado mi investigación sistemática leí, para entretenerme, el ensayo sobre la población de Malthus, y estaba bien preparado para apreciar la lucha por la existencia que se desarrollaba en todas partes, habida cuenta de lo que nos decía la larga y continua observación sobre los hábitos del mundo de los animales y las plantas donde, bajo aquellas circunstancias, las variaciones favorables tendían a mantenerse y las desfavorables eran destruidas.[115]

Esto coincide con lo que usualmente se repetía. Pero debería añadirse que su abuelo Erasmus era el más inmediato intermediario con el trabajo de Hume, al que además había

---

[113] Spencer (1860), pp. 90-91.

[114] Sobre las relaciones entre Daniel Malthus, padre de Thomas y Hume, véase Greig (1932), vol. 2, pp. 23-25 y 33.

[115] Darwin ([1887] 1958), p. 120. Sobre la influencia del ensayo de Malthus en Darwin, véase Vorzimmer (1972, pp. 4-8). Para los casos donde Malthus es mencionado en las anotaciones de Darwin, véanse Gruber y Barrett (1974).

conocido directamente.[116] Como para su relación con las obras de Smith, uno necesita tener en cuenta que había tenido conocimiento de su *Historia de la Astronomía*, el ensayo en el que el Escocés planteaba por primera vez el tema de las consecuencias no intencionadas,[117] uno debería recordar que, a igual que Spencer centró su atención en la «afinidad» (como principio esencial para lograr la co-adaptación de las acciones personales) y en la división del trabajo,[118] a lo que deberíamos añadir también, el hecho de haberse beneficiado del texto que Dugald Stewart para conmemorar a Smith.[119] Tampoco debe olvidarse la relación con Mackintosh.[120]

Spencer y Darwin se beneficiaron, por tanto, de lo que las ciencias sociales habían producido ya antes de sus trabajos. «Los dos se influenciaron, en alguna medida, entre ellos».[121] En verdad, Darwin negaba que él hubiera sido inspirado de alguna forma por Spencer.[122] Pero es algo extraño, a la vista del desarrollo de su carrera intelectual que pone de manifiesto la existencia clara de puntos de contacto. Spencer había

---

[116] Véase capítulo 3, nota 106 que contiene algunos extractos de los *Diálogos sobre la Religión Natural*, de Hume, que ciertamente no pasaron desapercibidos a la atención de Erasmus Darwin. Véanse también Darwin ([1781], 1896, p. 109, nota a pie 23) y Gruber y Barrett (1974), p. 302.

[117] Gruber y Barrett (1974), p. 302.

[118] Para el principio de afinidad, véase Darwin ([1871] 1896, pp. 106-107), quien era también consciente de lo que habían escrito sobre el tema Burke (Gruber y Barrett [1974], p. 318). Por lo que a la división del trabajo concernía, la expresión fue utilizada varias veces; con más precisión Darwin reconocía que «incluso en periodos remotos» los humanos practicaban la división del trabajo» (Darwin [1871] 1896, p. 127).

[119] Gruber y Barrett (1974, p. 286) donde pueden encontrarse más detalles sobre la influencia de Smith. Dennett (1995, p. 73) sucintamente sostenía: «Si Darwin no se hubiera beneficiado de nacer en el mundo mercantil, que ya había sido creado por Adam Smith y Thomas Malthus, no habría estado en posición de encontrar ya dispuestos los mimbres que él pudo reunir para ofrecer un producto de valor-añadido».

[120] Darwin ([1887] 1958, p. 55; ([1871] 1896) p. 97. Véanse varias referencias en Gruber y Barrett (1974).

[121] Caser (1977), p. 110.

[122] Darwin ([1887] 1958), p. 109.

comprendido que la vida social está dominada por el principio de la evolución y propuso extenderlo al mundo de la naturaleza. Si en la sociedad el cambio es debido a la continua readaptación de los planes personales, de los que depende la posibilidad de obtener la cooperación del otro, ¿cómo opera fuera de la sociedad el principio de la evolución?

Que este era el programa de investigación de Spencer lo prueba el trabajo que publicó antes de que apareciera *El Origen de las Especies*. Es suficiente, entre otras obras, mencionar *Social Statics* (1851), *The Universal Postulate* (1853), *The Genesis of Science* (1854), *Progress: its Law and Causes* (1857). Como sabemos por su correspondencia, Spencer envió sus ensayos a Darwin que se lo agradeció y se expresó en los siguientes términos, con referencia a *The Development Hypothesis* (carta 23 de noviembre de 1858):

> Sus observaciones sobre el argumento general de la llamada Teoría del Desarrollo me parecen admirables. En este momento estoy preparando un extracto de un trabajo más amplio sobre los cambios de las especies, pero trato el tema simplemente como un naturalista y no desde un punto de vista general. De otra forma, en mi opinión su argumento [...] podía haber sido citado por mí con gran provecho.[123]

Este juicio es enteramente comprensible porque el ensayo de Spencer contiene una rigurosa confirmación de la «Teoría de la evolución.»[124] Pero la respuesta a la cuestión de cómo

---

[123] F. Darwin ([1887] vol. 2, p. 111. Darwin ([1859] p. 20) se refería a los escritos anteriores de Spencer, a la obra sobre *El Origen de la Especies*. Abriendo una colección de sus ensayos con *The Development Hypothesis* Spencer señalaba: «Aunque de forma breve, sitúo este ensayo delante del resto en parte porque [...] fue el primero en el orden del tiempo, pero fundamentalmente porque lo fue también en el orden del pensamiento, y aportó el principio fundamental de todo lo que seguiría» (Spencer 1891, vol. 1, p.1).

[124] Entre otras cosas encontramos las siguientes manifestaciones: «Los defensores de la *hipótesis del desarrollo* podrían demostrar simplemente el

opera el principio de la evolución fuera de la sociedad fue suministrada por Darwin por medio de la idea de la «selección natural».

Incluso después de la publicación del *Origen de las Especies*, Darwin continuó siguiendo muy de cerca el trabajo de Spencer y expresó su estima por el autor. En una carta enviada el 10 de diciembre a Joseph D. Hooker, escribió:

> He leído ahora el último número [de los *Principles of Biology*]. No sé si pensar que es mejor que el número anterior, pero es extraordinariamente agudo y me atrevo a decir que cierto [...]. Podría soportar y hasta disfrutar sintiendo que era dos veces más ingenioso e inteligente que yo mismo, pero cuando siento que es doce veces superior a mí, incluso en su maestría en el arte de salir del atolladero, me siento afligido.[125]

Cuando recibió el volumen anterior del trabajo, dirigiéndose a Spencer directamente, Darwin escribió: «En muchas partes de sus *Principles of Biology* usted estuvo razonablemente asombrado de la prodigalidad de sus puntos de vista originales. La mayoría de los capítulos proporcionaban indicaciones para los volúmenes completos de las investigaciones futuras.[126] En una carta posterior de 15 de marzo de 1870, dirigida a E. Ray Lankester, padre de Darwin, decía: Estoy muy complacido al ver cómo aprecia usted a H. Spencer [...]. Supongo que de aquí en adelante será considerado uno de los más grandes filósofos vivientes de Inglaterra.[127] Finalmente, vale la pena recordar lo que Darwin escribió en su

---

origen de las especies mediante un proceso de modificación concebible e incluso de esta forma se encontrarían en mejor posición que sus oponentes. Pero ellos pueden hacer mucho más que esto. Pueden demostrar que el proceso de modificación ha efectuado y está efectuando cambios inequívocos en todos los organismos» (Spencer 1891, vol. 1, p. 3).

[125] F. Darwin (1887), vol. 3, p. 120.
[126] F. Darwin y Sevord (1903), vol. 2, p. 442.
[127] F. Darwin (1887), vol. 3, p. 120.

autobiografía. Aunque allí hacía público que no consideraba a Spencer una persona «particularmente agradable, rei-
teraba que siempre había encontrado su conversación con él
«muy interesante»[128] y añadía: «Después de leer algunos de
sus libros siento admiración y entusiasmo por sus excelentes
capacidades.»[129] Consideración y estimación no eran caminos
de una sola dirección. Spencer reconocía que hasta el momento en que los ensayos de [130]Mr. Darwin y Mr. Wallace
no fueron leídos ante la Linaean Society, eran desconocidos
«para él». Sostenía que la única causa de evolución orgánica
era la herencia de modificaciones funcionalmente producidas
y especificaba: «El *Origen de las Especies* dejó claro para mí,
que estaba equivocado, y la mayor parte de lo que sucede no
se debe a esa clase de causas.»[131] Y hay más, puesto que hay
una referencia a que lo que Darwin llamó más tarde la «selección natural» en una página de su ensayo sobre la *Theory of*

---

[128] Darwin ([1887] 1958) p. 108.
[129] Ibíd.
[130] Spencer (1904), vol. 2, p. 50.
[131] Ibíd. Meldola (1910, p. 7) escribió en relación con esto lo siguiente:
«El efecto de la publicación del *Origen de las Especies* sobre la mente de los
que se habían pronunciado sobre estas ideas como Spencer, es un episodio
interesante en la historia de su obra. Con honestidad científica admitió al
instante la fuerza lógica de la selección natural. Hasta ese momento la evolución orgánica había sido para él, si se quiere tácitamente, el lamarkismo,
el único mecanismo de desarrollo hasta entonces conocido. En relación con
esto, resulta útil recordar que Popper (1974 p. 149) escribió: «Hay tres sentidos del verbo «aprender», que han sido insuficientemente diferenciados
por los teóricos del aprendizaje: «descubrir», «imitar», «hacer habitual».
Los tres pueden ser considerados como formas de descubrimiento y en los
tres se trata de operar por medio del método de «ensayo-error». En estas
formas diferentes de aprendizaje o de adquirir o producir conocimiento, el
método es darwiniano en lugar de lamarkiano. En la selección, a menudo
parece como si fueran productos de la adaptación lamarkiana, de la instrucción a través de la repetición. Se puede decir que el darwinismo simula
lamarkismo. Sobre Spencer véase también Morganti (2015), pp. 99-133 y la
amplia bibliografía allí indicada.

Population.[132] Spencer se culpaba de no haber sido capaz de extraer las conclusiones debidas en el momento correcto.[133]

Hay, sin embargo, un punto en el que Spencer reivindicaba una primacía para su obra. Viendo como la expresión «éticas Darwinianas» ganaba adeptos, recordaba la amplitud de su trabajo en el campo de la teoría social, empezando con su *Social Statics*,»[134]. Pero no se hacía ilusiones. Consideraba cualquier aclaración desesperanzadora ... [135] y, lo que es más importante aquí insistía, una vez más, en que la primera aplicación de la teoría de la evolución había tenido lugar en el estudio de los fenómenos sociales.[136]

---

[132] Spencer (1852), p. 34.
[133] Spencer (1904), vol. 1, p. 390; Spencer ([1864] 1886), vol. 2, p. 500.
[134] Spencer ([1884] 1978), vol. 1, p. 25.
[135] *Op. cit.*, p. 26.
[136] Ibíd.

Capítulo 6
CONSIDERACIONES ADICIONALES

Como hemos visto en las páginas anteriores, el nacimiento de las ciencias sociales estuvo asociado con la utilización de la concepción evolucionaria del fenómeno que ocasiona la interacción intersubjetiva. La primera condición para que esto se produjera fue el abandono de la idea según la cual, detrás de los fenómenos sociales había oculta una inteligencia (humana y/o divina) que decidía voluntariamente el desencadenamiento del fenómeno, una voluntad imposible de detener y que era capaz de delinear desde el principio al fin, el fenómeno social acontecido. Abandonada esta idea se abría entonces el camino para intentar conocer cómo se originan las reglas y las instituciones sociales, sin una planificación previa por parte de seres humanos o entidades superiores, a partir de la necesidad de hacer posible la cooperación entre los seres humanos, como respuesta directa a la insuficiencia de conocimientos y de recursos que tenemos y sentimos cada uno de nosotros.

Precisamente porque las normas sociales son tales, solo si garantizan la cooperación, la sociedad es un lugar donde los seres humanos se liberan de la «lucha por la supervivencia» sin cuartel que vemos en el campo de la naturaleza. Incluso cuando la competencia acaba en el antagonismo personal, los que actúan, al menos a corto y medio plazo, tantean sus respectivas capacidades con la finalidad de mejor encajar en la formación de los modelos sociales que acaban consolidándose. Y ya, en el largo plazo, cuando se producen cambios en los modos de convivencia, se llevan a cabo combinaciones y formas de cubrir las antiguas y nuevas necesidades que resuelvan los antagonismos con arreglo a la prontitud con la que cada persona asume las variaciones culturales que de forma más adecuada satisfacen la necesidad de cooperación social. Puesto que el cambio es el resultado de un proceso en el que participamos todos, pero cuyo resultado no estamos en condiciones de predecir, solo nos podremos beneficiar si sabemos cómo responder al mismo con prontitud.[1]

Los logros de las ciencias sociales beneficiaron el trabajo de Spencer y el de Darwin. Como estudioso de las ciencias sociales, Spencer sabía bien que la vida en la sociedad se desenvuelve de una forma muy diferente a como lo hace la vida en la naturaleza; los seres humanos cooperan porque el juego de estrategia en el que participan tiene suma positiva;[2] los conceptos desarrollados para explicar lo que sucede en la esfera de la naturaleza no son por tanto transferibles a la esfera social.

Por su parte, Darwin quería, como él mismo había manifestado, ser un simple naturalista; sin embargo, era también consciente de lo que diferenciaba ambos territorios. Algunas de sus declaraciones merecen ser analizadas con atención. El inicialmente escribió:

> El humano en su estado más primitivo, tal y como ahora existe, es el animal más dominante que haya aparecido jamás sobre la tierra. Se ha extendido con más amplitud que cualquier otra forma elevadamente organizada; y todos los demás han cedido ante él. De todo punto es manifiesto que debe su inmensa superioridad a sus facultades intelectuales, a los *hábitos sociales* que le llevan a ayudar y defender a sus congéneres.[3]

---

[1] Hayek (1960), p. 60.
[2] Spencer ([1789] 1907), p. 120.
[3] Darwin ([1871] 1896), p. 48. Énfasis añadido.

Darwin entonces añadía: «Su pequeña fuerza y velocidad, su falta de armas naturales [...] vienen más que compensadas, en primer lugar, por sus fuerzas intelectuales que le han llevado a construir para sí mismo armas, herramientas [...] y en segundo lugar, por sus aptitudes sociales que le llevan a dar y recibir ayuda de sus congéneres.[4] Por consiguiente concluye:

> A medida que el ser humano progresa en civilización [...] la más simple de las razones le dice a cada una de las personas que debe extender [... sentimientos] y afinidades a todos los miembros de la nación, aunque personalmente los desconozca. Una vez alcanzado este punto, solo una barrera artificial impide que sus afinidades se extiendan a seres humanos de otras naciones y razas.[5]

Y, sin embargo, esto no fue suficiente para impedir que naciera el «Darwinismo social», la inserción dentro del campo de las ciencias sociales, precisamente por estudiosos de estas disciplinas, de categorías aplicables a la naturaleza, pero no a la sociedad. Los papeles se invirtieron. Si originalmente las ciencias sociales fueron las que suministraron ideas para estudiar la naturaleza, los últimos logros de las ciencias naturales fueron aplicados a la sociedad. Parafraseando a Rafael Meldola, la vida en sociedad fue interpretada a la luz de la «selección natural»:[6] un «deservicio perdurable» infringido «al progreso de la teoría de la evolución cultural».[7]

---

[4] *Op. cit.*, p. 64. Énfasis añadido.

[5] *Op. cit.*, p. 122. La idea de cooperación con personas desconocidas se encuentra ya en Adam Smith. Véase el texto citado al final de la nota 99 al capítulo 4. No es una coincidencia que Patten (1899, p. xxiii) escribiera: «Darwin fue el último de los economistas y el primero de los biólogos.

[6] Meldola (1910), p. 4. Rafael Meldola fue un judío inglés de origen toledano, químico, entomólogo y rabino sefardí que vivió entre 1846 y 1915 (nota del traductor).

[7] Hayek (1988), p. 27; Hayek (1988), p. 23, sostenía que un teórico social del siglo diecinueve, que mereciera ese nombre, no necesitaría pedir prestada la idea de la evolución de Darwin. Desafortunadamente, hubo

Ejemplar fue, sin embargo, la posición de Thomas H. Huxley quien escribió que la evolución de la sociedad «es un proceso de naturaleza esencialmente distinta» del que «produce una evolución de las especies»; precisamente es diferente al que podría tener lugar si hubiera una autoridad encargada de hacer la selección.[8] Huxley ponía especial énfasis en el hecho de que el proceso social tiende a asegurar a cada miembro de la sociedad, mejor que los medios para sobrevivir, un cierto patrón en los modos de vivir. La razón de que esto ocurra no es ningún misterio. «Aunque el animal no puede escapar a su repertorio de actos propios de esa naturaleza» porque «el ser humano es uno en naturaleza», inventa y lleva a cabo, además, un segundo repertorio de actos. «Enciende fuegos, construye casas y edificios, cultiva los campos y fabrica automóviles», interpone entre el mismo y lo que le rodea una «nueva naturaleza, una superestructura «construida por la dimensión social específicamente».[9]

No es coincidencia que Leslie A. White dijera:

> «Una de las fórmulas más triviales de interpretación de la conducta de los seres humanos es aquella que dice que actúan como lo hacen porque son de «natural humanos». Los humanos tienen instituciones propias, creencias, aptitudes, pasatiempos [...] que les rodean porque «esto es de naturaleza humana». Y en el curso de su existencia la mayoría de las personas, -aunque muchas de ellas están dispuestas a admitir su ignorancia en otras cosas—, usualmente sienten que ellos «comprenden la naturaleza humana». La mente humana y el organismo están por tanto constituidos, conforme a este punto de vista, como para dar cierta clase de respuestas simple y directamente a todo lo que está por ve-

---

quienes necesitaron hacerlo y eso fue lo que dio origen a esas concepciones que bajo el nombre de «darwinismo social» han sido responsables, desde entonces, de las deficiencias con las que los científicos sociales consideran la idea de la evolución.

[8] Huxley (1900), p. 83.
[9] Ortega y Gasset ([1939] 1946 – 83i), pp. 323-324.

nir. Uno tiene solo que conocer la naturaleza humana para entender la sociedad y la cultura, para predecir el curso de desenvolvimiento de las cosas. El error o la ilusión aquí está, naturalmente, en que lo que uno supone es la «naturaleza humana» no es natural en absoluto, sino cultural [...]. Mucho de lo que comúnmente llamamos «naturaleza humana» es simplemente cultura arrojada contra una pantalla de nervios, glándulas, órganos sensoriales, músculos.[10]

Y White, añade a continuación:

Así pues, calificar de «biológica» a la formación de las tradiciones morales, las leyes, la moneda o el dinero, e incluso la mente humana, es un abuso del lenguaje y un craso error. Nuestra herencia genética puede determinar lo que somos capaces de aprender, pero no ciertamente lo que la tradición enseña. Lo que no es [...] transmitido por los genes, no es un fenómeno biológico.[11]

Algunas de nuestras acciones tienen, claro está, que ser planeadas por nosotros, ofrecidas a los demás y llevadas a cabo por mediación de lo que alguien llamó «tercer mundo», ese universo de símbolos y modelos compartidos, comenzan-

---

[10] White (1949) p. 149. Aunque White aclaró que los modelos culturales «no existen en ausencia de seres humanos» (*op. cit.*, p. 408), por tanto su objetivo es reconocer que son producto (no intencionado) de la acción de los seres humanos, él tuvo la tentación de atribuir a la cultura «una vida por sí misma» y considerarla independientemente de las especies humanas» (*op. cit.*, p. 407).

[11] Hayek (1988), p. 25. Así pues, resulta claro que «el error principal de la sociología contemporánea es suponer que el lenguaje, las reglas morales, la ley [...] son transmitidos por un proceso que la biología molecular está ahora desvelando, en lugar de ser producto de la evolución, transmitida por el aprendizaje imitativo (*op. cit.*, p. 24). La mente humana, en sí misma, no es algo innato en el organismo, algo biológicamente determinado, es evidentemente una variable [...] y sus variaciones son funciones de un factor cultural en lugar de sicosomático» (White 1949, pp. 147-148). Ver también lo escrito en el capítulo 4, al final de la nota 82.

do por el lenguaje, que es el elemento que humanamente nos conecta con los demás y hace posible la cooperación social.[12]

Estamos, por tanto, ante un «proceso ético» cuyo objetivo no es la «exclusión» sino todo lo contrario, la «inclusión», y si queremos incluso si queremos ser todavía más precisos «la mejor inclusión».[13] Huxley añadía que lo que a menudo llamamos la lucha por la existencia, y me siento culpable de haber utilizado este término con demasiada desenvoltura, es una pugna que convierte en algo mucho más provechoso la cooperación en el seno de la sociedad.[14] El éxito entonces viene determinado por cualidades tales como «la energía, el esfuerzo en el trabajo, la capacidad intelectual, la tenacidad con la que perseguimos nuestros objetivos o propósitos así como la habilidad a la hora de saber captar lo que los demás esperan de nuestras acciones.[15] El proceso no es la herramienta por medio de la cual se determina la «supervivencia del que mejor se adapta», sino un conjunto de medios para establecer como la cooperación puede conducir a la mejora de las condiciones en las que se desarrollará la vida de cuantos más mejor.[16]

---

[12] Como es bien sabido, la expresión «tercer mundo» es de Popper, véase cap. 4, nota 89.

[13] Huxley (1900), p. 82.

[14] *Op. cit.*, p. 85. Vale la pena señalar que el propio Darwin ([1859] 1871, p. 71) manifestó que él utilizaba la expresión «lucha por la existencia» en sentido amplio y metafórico». Montalenti (1990, p. 54) escribió al respecto: «El concepto de selección no está necesariamente ligado al de «lucha por la existencia: un organismo que no está bien adaptado a un cierto entorno no prospera y acaba extinguiéndose, incluso sin necesidad de tener que hablar de una batalla real con otros organismos de la misma o de diferentes especies».

[15] Huxley (1900), p. 86. Huxley utilizaba el término «afinidad» en el mismo sentido que Adam Smith.

[16] *Op. cit.*, p. 121. Evidentemente, el juez de todo cambio es el tiempo. Darwin ([1859] 1871, pp. 87-88) significativamente escribió: «¡Qué fugaces son los deseos y esfuerzos de los humanos, qué breve es su tiempo! Y, en consecuencia, qué pobres serán sus resultados comparados con los acumulados por la Naturaleza durante la totalidad de los periodos geológicos! Así pues, ¿sería cierto maravillarse de que las producciones de la Naturaleza fueran más genuinas que las de los humanos, que estén infinitamente mejor

Así pues, la razón por la que el evolucionismo necesita del «gobierno de la ley» es clara. Delimita la frontera de las acciones, impide a las personas hacer daño a los demás, impide a cada uno de nosotros hacer lo peor para los otros que es también lo peor para lo nuestro,[17] y deja a la libertad personal la decisión relativa al contenido de la acción. Es una situación en que como Dugald Stewart escribió, el respeto de la ley es interesante a todo miembro de la comunidad y, de manera especial, a todos aquellos cuya insignificancia personal los deja sin otra ayuda que no sea la del espíritu general de la ley.[18] La igualdad legal y formal, y la consecuente falta de una jerarquía de fines hace posible ampliar la esfera de cooperación tan lejos como se pueda y, a la vez, aumenta el volumen de los intercambios sociales. Por lo tanto, como venimos subrayando, establece un extenso proceso de exploración de lo desconocido y de corrección de los errores perpetrados que moviliza el conocimiento y los recursos dispersos en el seno de la sociedad. Aquellos que son los primeros en adoptar los modelos ganadores, derivan ventajas inmediatas que necesariamente comparten con los demás. Nadie, en cualquier caso, está privado de la oportunidad de seguir su ejemplo.[19]

Por consiguiente, se entiende que el intercambio que llevan a cabo las personas, la cooperación voluntaria, no es otra cosa que un «tratado de paz», y que las dos surgen a la vez como un hecho unitario.[20] Inspirado por la sociología de Spencer, George Simmel escribió:

el robo y la donación parecen ser las dos formas más primitivas de llevar a cabo el cambio en la propiedad de las cosas, la

---

adaptadas a las complejas condiciones de la vida y que porten una huella de un magisterio mucho más perfecto? Sobre los obstáculos que permanecen en el camino de la evolución cultural véase Hayek» (1988, p. 20).

[17] Hayek (1949), p. 11.
[18] Stewart ([1793] 1880), p. 310.
[19] Hayek (1978), pp. 179-190.
[20] Simmel ([1900] 1978, p. 96.

ventaja, en ambos casos, recae en una de las partes y la carga en la otra. Cuando en lugar de un cambio se lleva a cabo un intercambio de propiedades […] es evidente el enorme progreso que esto supone para la especie humana.[21]

En esta situación en la que la «mera ventaja unilateral» desaparece[22], esto constituye ya una moralización real de nuestra vida.[23]

Como Huxley señalaba, fue un infortunio la idea de introducir en las ciencias sociales, después de que el evolucionismo quedara establecido fuera de ellas, conceptos tales como el de la «selección natural», «la lucha por la existencia» o «la supervivencia del más apropiado». De forma más precisa, esto fue un error y esto por tres tipos de razones diferentes: (a) porque fue la interacción y la coadaptación la que nos hizo humanos, (b) porque el factor decisivo en la evolución social no es la selección de las propiedades físicas y heredables de las personas, sino la selección por imitación de instituciones y hábitos que han probado su éxito y eficacia[24] y(c) porque la cooperación social, si no fuera una estrategia de suma positiva, no sería tal o, mejor dicho, no tendría lugar. Frente a esto el llamado «Darwinismo social» sigue estando completamente ciego y no hace otra cosa que conducir a la guerra universal. De hecho, no hay ninguna razón, en virtud de la cual, la «lucha por la existencia» no debería tener lugar también dentro de formaciones sociales (naciones o razas) a las que los defensores de esta teoría dirigen sus preferencias:[25] si el

---

[21] *Op. cit.*, p. 290. Véase también Spencer ([1877-1896] 1966), vol. 2, pp. 23 y ss., vol. 3, pp. 387 y ss. y Menger ([1892] 2002), pp. 60-61.

[22] Simmet ([1900] 1978), p. 291.

[23] *Op. cit.*, p. 419.

[24] Hayek (1960), p. 59. Véase también Montalenti (2009), p. 16.

[25] Mises ([1922] 1981b) pp. 282-283. El término «darwinismo social» se refiere aquí a aquellas doctrinas que presentan la cooperación social, fuera de ciertos grupos privilegiados, como un juego de suma cero. Para una discusión amplia de este tema véase La Vergata (2005).

intercambio social es un juego de estrategia de suma positiva, se llevará a cabo siempre. Si no lo fuera, jamás lo haría.

Hay todavía un punto más por abordar. Como sabemos, los resultados no intencionados de nuestras acciones derivan de nuestra condición de ignorancia y falibilidad, y esto nos exige reconocer que el proceso social no tiene causa final. Sin embargo, a menudo sucede que la atención al problema de las consecuencias no intencionadas se presenta como una forma de favorecer el conservadurismo político y, por lo tanto, se ha dicho que los pensadores de la Ilustración Escocesa y sus seguidores merecen el reproche de no haber sido conscientes de la posible utilización de su teoría de los resultados no intencionados, en sentido conservador.[26] Esto adquiere un acento más grave y duro todavía cuando, como en el caso de Albert O. Hirschman, se sostiene que las consecuencias no intencionadas son la «razón de ser» de las ciencias sociales y a esto se añade que sus «efectos perversos»; es decir, las consecuencias no intencionadas de carácter negativo, constituyen «una característica básica de la retórica reaccionaria».[27]

Esta clase de crítica no deja intacto el hecho inevitable de que los resultados no intencionados son producto de la condición humana, el ser consciente de ellos es sencillamente lo mismo que estar dispuestos a aceptar sus ventajas y a corregir los errores que son la causa de sus desventajas o «efectos perversos». También es necesario decir que quienes proponen el evolucionismo cultural, reconociendo la naturaleza imparable del proceso social, en modo alguno tratan de impedir el cambio y cabe añadir, con respecto a la utilización política de una teoría o al uso de otras por quien o quienes la formulan, que es algo que nada puede impedir. Como escribió Weber en la prensa, en las reuniones públicas, en las asociaciones, en

---

[26] Véase Ross (1987, p. xi), y Hamowy (1987, p. 13).

[27] Hirschman (1991), pp. 35-36. Sobre este tema, Hirschman y Boudon (Boudon, 1992, pp. 109-119) mantienen una intensa discusión. Véase Falloco (2003), p. 3-23.

los ensayos «y en cualquier manifestación de la vida pública cada uno puede y debería hacer lo que su Dios o demonio le pide»[28]. Pero esto no puede llevarnos a negar que las consecuencias no intencionadas son el objeto de las ciencias sociales y que su estudio nos muestra cómo es posible abandonar el mito de un ser único (humano y/o divino) que decide y ha conducido y conduce a los humanos por el camino que lleva al aumento de nuestra racionalidad.

[28] Weber ([1917] 1949), p. 5.

BIBLIOGRAFÍA

ACTON LORD (1887), *The History of Freedom in Antiquity,* in *Selected Writings,* vol. 1, Liberty Fund, IndiaNápoless.

AGOSTINO (A), *La vera religione,* Mursia, Milán 1987.

— (B), *La citta di Dio,* Rusconi, Milán 1994.

ANTONELLI E. (1953), *Léon Walras et Carl Menger á travers leur correspondance,* en «Économie Appliquée», vol. 6, pp. 269-287.

ARISTÓTELES (A), *Metafísica* (e), vol. l.

— (B), *Política* (e), *vol. 2.*

— (E), *Opere,* UTET, Torino, 1974-96.

— (N), *Poetica,* Laterza, Roma-Bari, 1998.

BACON F. (2002), *Nuovo Organo,* Bompiani, Milán.

— (1971), *Nuova Atlantide,* en *Scritti politici, giuridici e storici,* UTET, Torino, *vol. 1.*

BARTLEY W. W. III (1990), *Ecologia della razionalita,* Armando, Roma.

BAY C. (1968), *The Structure of Freedom,* Atheneum, Nueva York.

BAYLE P. (1820), *Dictionnaire historique et critique,* Desoer, París.

— (1965-70a), *Pensées diverses,* en BAYLE P. (1965-7oe), vol 3.

— (1965-70b), *Continuation des pensées diverses,* en BAYLE P. (1965-70e), *vol. 3.*

— (1965-70c), *Critique générale de l'histoire du Calvinisme,* en BAYLE P. (1965-70e), vol. 2.

— (1965-70d), *Nouvelles lettres de l'auteur de la critique générale de l'histoire du Calvinisme,* en BAYLE P. (1965-7oe), *vol. 2.*

— (1965-70e), *Oeuvres diverses,* Georg Olms, Hildesheim.

BECKER H. (1963), *Societa e valorí,* Edizioni di Comunita, Milán.

BENTHAM J. *(1998),Introduzione ai principi della morale e della legislazione,* UTET, Torino.

BISCARDI A. (1982), *Díritto greco antico,* Giuffre, Milán.

BISSET R. (1800), *The Lije of Edmund Burke,* Cawthorn.

BOBBIO N. (1990), *L'eta dei diritti,* Einaudi, Torino.

BONAR J. (1893), *Philosophy and Political Economy,* Sonnenschein, Londres.

BOUDON R. (1992), E *reazionaria la retorica?,* en «Quaderni di Sociología», vol. 36, pp. 109-119.

BREGA G.P. (1957), *Nota introduttiva,* en BAYLE P., *Pensieri sulla cometa e Dizionario critico e storico,* Feltrinelli, Milán.

BULTRIGHINI U. (1999), *«Maledetta democrazia». Studi su Crizia,* Edizioni dell'Orso, Alessandria.

BURCKHARDT J. (1992), *Storia della civilta greca,* Sansoni, Florencia.

BURKE E. (1757), *A Philosophical Inquiry into the Origin aj our Ideas aj the Sublime and the Beautiful,* Dodsley, Londres.

— (1791), *An Appeal jrom the New to the Old Whigs,* Dodsley, Londres.

— (1800), *Thoughts and Details on Scarsity,* Rivington, Londres.

— (1951), *Reflection on French Revolution,* Dent-Dutton, Londres-Nueva York.

CAIRNES J.E. (1873), *Essays en Polítical Economy,* Macmillan, Londres.

CANNAN E. (1904), *Prejace,* en SMITH A., *An Inquiry into the Nature and Causes aj the Wealth oj Nations,* Methuen, Londres.

CARMICHAEL G. (1729), *Synopsis Theologiae Naturalis,* Paton, Edinburgo.

CASSIRER E. (1938), *Il problema Gian Giacomo Rousseau,* La Nuova Italia, Florencia.

CICERONE (A), *Dello Stato,* Zanichelli, Bolonia.

CLARK W.E. (1903), *Josiah Tucker Economist,* Columbia UP, Nueva York.

COLLETTI L. (1975), *Ideología e societa,* Laterza, Roma-Bari.

COMTE A. (1970a), *Plan des travaux scientifiques nécessaries pour réorganiser la société,* en COMTE A. (1970d), vol. 10.

— (1970b), *Considérations sur le pouvoir spiritual,* en COMTE A. (1970d), vol.10.

— (1970c), *Cours de philosophie positive,* en COMTE A. (1970d), vol. 4.

— (1970d), *Oeuvres,* Anthropos, París.

CONSTANT B. (1822), *Cominentaire sur l'ouvrage de Filangieri,* Dufart, París.

— (1872a), *Príncipes de politique* (del 1815), en CONSTANT B. (1872c), vol. 1.

— (1872b), *De lá liberté des anciens comparée* a *celle des modernes,* en

— (1872c), vol. 2.

— (1872c), *Cours de politique constitutionnelle,* Guillaumin, París.

— (1980), *Príncipes de politique* (del 1806), Droz, Geneve.

— (1907), *Le cahier rouge,* Calmann Lévy, París.

COSER L. (1983), *I maestri del pensiero sociologico,* il Mulino, Bolonia.

CUBEDDU R. (2015), *Considerazioni su Mandeville e sulla scontentezza dell'alveare,* en «Il Político», vol. 80, pp. 115-137.

— (2016), *Noterelle sul "vero individualismo" hayekiano,* en «Eunomia», vol. 5, pp.107-178, ora en CUBEDDU R. (2019), *Individualismo e religione nella Scuola Austriaca,* ETS, Pisa.

— (2018), *Una pagina rimossa nella storia del liberalismo: la critica di Menger a Smith,* prefazione en MENGER C. (2018).

DARWIN CH. (1871), *On the Origin aj Species by Means aj Natural Selection,* Appleton, Nueva York.

— (1896), *The Descent aj Man, and Selection en Relation to Sex,* Murray, Londres.

— (1958), *Autobiography,* en BARLOW N., *The Autobiography oj Charles Darwin,* Collins, Londres.

— (2003), *The Lije oj Erasmus Darwin,* Cambridge UP, Cambridge.

DARWIN F. (1887), *The Lije and the Letters aj Charles Darwin,* Murray, Londres.

— SEWARD A.C., eds, (1903), *More Letters aj Charles Darwin,* Murray, Londres.

DAWKINS R. (2003), *L'orologiaio cieco,* Mondadori, Milán.

DE LUCA S. (2003), *Alle origini del liberalismo contemporaneo,* Marco, Lungro.

— (2007), *Introduzione,* en CONSTANT B., *Principi di política* (del 1806), Rubbettino, Soveria Mannelli.

DENNETT D.C. (1997), *L'idea perico/osa di Darwin,* Bollati Boringhieri, Torino.

DE SANCTIS F.M. (1986), *Tempo di democrazia,* ESI, Nápoles.

DESCARTES R. (1969a), *Il discorso del metodo,* en DESCARTES R. (1969c).

— (1969b), *Meditazioni metafisiche sulla filosofía prima,* en DESCARTES R. (1969c).

— (1969c), *Opere jilosojiche,* UTET, Torino.

DÍEZ DEL CORRAL L. (1956), *El liberalismo doctrinario,* Instituto de Estudios Políticos, Madrid.

DILTHEY W. (1974), *Introduzione al/e scienze dello spirito,* La Nuova Italia, Florencia.

DODDS M. (1929), *Les récits de voyages sources de «L'Esprit des lois» de Montesquieu,* Champion, París.

DUNN W.C. (1941), *Adam Smith and Edmund Burke: Complimentary Contemporaries,* en «Southern Economic Journal», vol. 7, pp. 330-346.

DURKHEIM E. (1971), *La divisione del /avaro socia/e,* Edizioni di Comunita, Milán.

— (1973), *Il socialismo,* FrancoAngeli, Milán.

— (1976), *Il contributo di Montesquieu nella jondazione della scienza sociale,* en DURKHEIM E., *Montesquieu e Rousseau,* Lacaita, Manduria.

EHRENBERG V. (1988), *L'Atene di Aristojane,* La Nuova Italia, Florencia.

— (1996), *From Salan to Socrates: Greek History and Civilization During the 6th and 5th Centuries Be,* Routledge, Londres.

EHRLICH E. (1928), *Juristische Logik,* Mohr, Tübingen.

ERASMO DA ROTTERDAM (1966), *Elogio della jolli~,* Mursia, Milán.

— (2014), *Il lamento della pace,* SE, Milán.

ESIODO (A), *Le opere e i giorni,* Rizzoli, Milán 1979.

FALLOCCO S. (2003), *La retorica dell'ejfetto perverso nella polemica tra Hirschmann e Boudon,* Istituto Acton, Roma.

FELICE D. (2005), a cura di, *Montesquieu e i suoi interpreti,* ETS, Pisa.

FERGUSON A. (1767), *Letter to David Hume* (dated April 17th, 1767), National Library of Scotland, MS. 23155, n. 25.

— (1792), *Principies aj Moral andPolitical Science*, Strahan &Cadell, Londres.

— (1966), *An Essay on the History of Civil Society*, Edinburgo UP, Edinburgo.

FINK Z.S. (1962), *The Classical Republicans*, Northwestern UP, Evanston.

FONTANA B. (1988), *Introduction*, en CONSTANT B., *Polítical Writings*, Cambridge UP, Cambridge.

— (1991), *Benjamín Constante il pensiero post-rivoluzionario*, Baldini & Castoldi, Milán.

FRAZER J.G. (1973*), Il ramo d'oro: studio sulla magia e la religione*, Boringhieri, Torino.

FRIEDRICH C.J. (2002), *L'uomo, la comunita, l'ordine político*, il Mulino, Bolonia.

FUSTEL DE COULANGES N.D. (1972), *La citta antica*, Sansoni, Florencia.

GERMANI G. (1975) *Sociología della modernizzazione*, Laterza, Roma-Bari.

GLOTZ G. (1968), *La cité grecque*, Albín, París.

GREIG J.Y.T., ed., (1932), *The Letters of David Hume*, Oxford UP, Oxford.

GROTE G. (1867), *Plato and the Other Companions of Sokrates*, Murray, Londres.

GRUBER H.E., BARRETT P.H. (1974), *Darwin on Man: a Psychological Study of Scientific Creativity*, Dutton, Nueva York.

GUERCI L. (1979), *Liberta degli antichi e liberta dei moderni. Sparta, Atene e i philosophes nella Francia del Settecento*, Guida, Nápoles.

GUIZOT F. (1973), *Storia della civilta* en *Europa*, II Saggiatore, Milán.

GUYAU J.M. (1885), *La morale anglaise contemporaine*, Alean, París.

HAAKONSSEN K. (1981), *The Science aj a Legislator*, Cambridge UP, Cambridge.

HALÉVY E. (1972), *The Growth of Philosophic Radicalism*, Faber & Faber, Londres.

HAMOWY R. (1968), *Adam Smith, Adam Ferguson, and the Division of Labour*, en «Economica», vol. 35, pp. 249-259.

HAMOWY R. (1987), *The Scottish Enlightenment and the Theory of Spontaneous Order*, Southern Illinois uP, Carbondale.

HAYEK F.A. VON (1986), *Derecho, legislación y libertad*, Unión Editorial, Madrid.

— (1988), *Nuevos estudios de filosofía, política, economía e historia de las ideas*, Unión Editorial, Madrid.

— (1997a), *Individualismo, el verdadero y el falso*, Unión Editorial, Madrid.

— (1997b), *La fatal arrogancia*. Unión Editorial, Madrid, Milán.

— (1998), *Estudios de filosofía, política y economía*, Unión Editorial, Madrid.

— (2007), *La societa libera*, Rubbettino, Soveria Mannelli.

— (2008), *Estudios sobre el abuso de la razón*, Unión Editorial, Madrid.

— (2012), *Liberalismo*, Unión Editorial, Madrid.

— (2017), *Competizione e conoscenza*, Rubbettino, Soveria Mannelli.

HECKSCHER E.F. (1935), *Mercantilísm*, Allen & Unwin, Londres.

HIRSCHMANN A.O. (1991), *Retoriche dell'intransigenza*, il Mulino, Bolonia.

HOBBES T. (1965), *Il Leviatano*, UTET, Torino.

HOFFMANN E. (1967), *Platonismo e filosofía cristiana*, il Mulino, Bolonia.

HORNE T.A. (1978), *The Social and Political Thought of B. Mandeville*, Macmillan, Londres.

HUBERT R. (1923), *Les sciences sociales dans l'Encyclopédie*, Alean, París.

— (1928), *Rousseau et l'Encyclopédie*, Gamber, París.

HUIZINGA J. (1945), *Wenn die Waffen schweigen*, Burg, Basel.

HUME D. (1889), *The Natural History of Religion*, Bonner, Londres.

— (1902a*)*, *An Enquiry Concerning Human Understanding*, en HUME D. (1902c).

— (1902b), *An Enquiry Concerning the Principles of Morals*, en HUME D. (1902c).

— (1902c), *Enquiries Concerning the Human Understanding and Concerning the Principies of Morals*, Clarendon Press, Oxford.

— (1903), *Essays, Moral, Political and Literary*, Richards, Londres.

— (1907), *Dialogues Concerning Natural Religion*, Blackwood, Edinburgo.

— (1930), *A Treatise of Human Nature*, Dent, Londres.

— (1967), *A Letter from a Gentleman to his Friend* en *Edinburgo*, Edinburgo UP, Edinburgo.

— (1983), *The History aj England*, Liberty Fund, IndiaNápoless.

HUTCHESON F. (1725), *An Inquiry into the Original of our Ideas of Beauty and Virtue*, Smith, Dublin.

— (1750), *Reflections upan Laughter and Remarks upan The Fable of the Bees*, Baxter, Glasgow.

— (1755), *A System of Moral Philosophy*, Foulis, Glasgow.

— (1993), *Two Texts on Human Nature*, Cambridge UP, Cambridge.

HUXLEY T.H. (1900*), Evolution and Ethics*, en ROMANES G.J. (ed.), *Romanes Lectures. Decennial Issue*, 1892-1900, Clarendon Press, Oxford.

IANNELLO N. (1998), *L'ordine degli uomini. Antropología e política nel pensiero di Thomas Hobbes e di Jean-Jacques Rousseau*, Istituti Editoriali e Poligrafici Internazionali, Pisa-Roma.

INFANTINO L. (1998), *El orden sensorial*, Unión Editorial, Madrid.

— (1999), *Ignorancia y libertad*, Unión Editorial, Madrid.

— (2008), *Individualismo, mercado e historia de las ideas*, Unión Editorial, Madrid.

— (2013), *Potere. La dimensione política dell'azione umana*, Rubbettino, Soveria Mannelli.

— (2019), *Cercatori di liberta*, Rubbettino, Soveria Mannelli.

— (2020), *Adam Smith and the Problem of Unintended Consequences*, en «Journal of Public Finance and Public Choise», vol. 35, pp. 219-236.

ISRAEL J. (2011), *Una rivoluzione della mente. L'Illuminismo radicale e le origini intellettuali della democrazia moderna*, Einaudi, Torino.

JAEGER W. (1947), *Praise of Law*, en SAYRE P. (ed*.), Interpretations of Modern Legal Philosophy: Essays* en *Honor of Roscoe Pound*, Oxford UP, Nueva York.

— (1997), *Cristianesimo primitivo e paideia greca*, La Nuova Italia, Florencia.

— (1997-9), *Paideia. La formazione dell'uomo greco*, La Nuova Italia, Florencia.

JAFFÉ W. (1976), *Menger, Jevons and Walras De-homogenized*, en «Economic Enquiry», vol. 14, pp. 511-524.

JAUCOURT L. DE (1765), *Lacédémone* (Republique de), en *Encyclopédie*, Faulche, Neufchastel, vol. 9.

JEVONS W.S. (1947), *Teoría dell'economia politica*, UTET, Torino.

JHERING R. VON (1989), *La lotta per il diritto e altri saggi*, Giuffre, Milán.

KAUDER E. (1965), *A History of Marginal Utility Theory*, Princeton UP, Princeton.

KAYE F.B. (1924), *Introduction*, en MANDEVILLE B. DE (1924).

KETTLER D. (1965), *The Social and Political Thought of Adam Ferguson*, Ohio State UP, Columbus.

KEYNES J.M. (1971), *Teoría generale dell'occupazione, dell'interesse e della maneta*, UTET, Torino.

KING-HELE D. (1985), *Erasmus Darwin Master of Interdisciplinary Science*, en «Interdisciplinary Science Review», vol. 10, pp. 170-191.

KIRZNER L.M. (1992), *The Meaning of Market Process. Essays* en *the Development of Modern Austrian Economics*, Routledge, Londres-Nueva York.

LA VERGARA A. (2005), *Guerra e darwinismo sociale*, Rubbettino, Soveria Mannelli.

LEECHMAN W. (1755), *Preface*, en HUTCHESON F. (1755).

LENCI M. (2005), *Montesquieu, Burke e l'Illuminismo*, en FELICE D. (2005).

LOCKE J. (1971), *Saggio sull'intelletto umano*, UTET, Torino.

LUNACARSKIJ A.V. (1973), *Religione e socialismo*, Guaraldi, Rimini.

MACHIAVELLI N. (1984), *Discorsi sopra la prima deca di Tito Livio*, Rizzoli, Milán.

MAGRI T. (1987), *Introduzione*, en MANDEVILLE B. DE, *La favola delle api*, Laterza, Roma-Bari.

MALINOWSKI B. (1972), *Diritto e costume nella societa primitiva*, Newton Compton, Roma.

— (1976), *Magia, scienza e religione*, Newton Compton, Roma.

MANDEVILLE B. DE (1723), *Free Thoughts on Religion, the Church and National Happiness*, Brotherton, Londres.

— (1732), *An Enqui1y into the Origin of Honour and the Usefulness of Christianity* en *War*, Brotlierton, Londres.

— (1924), *The Fable of the Bees*, Oxford, Clarendon Press.

MARX K. (1974), *Il Capitale*, Editori Riuniti, Roma.

MAUTNER T. (1993), *Introduction*, en HUTCHESON F., *Two Texts on Human Nature,* Cambridge UP, Cambridge.

MCCOSH J. (1875), *The Scottish Philosophy*, Carter, Nueva York.

MEEK R.L. (1976), *Il cattivo selvaggio, il Saggiatore*, Milán.

MELDOLA R. (1910), *Evolution: Darwinian and Spencerian*, Clarendon Press, Oxford.

MENGER C. (1996), *El método de las ciencias sociales*, Unión Editorial, Madrid.

— (2001), *Principi fondamentali di economía*, Rubbettino, Soveria Mannelli.

— (2013), *El dinero*, Unión Editorial, Madrid.

— (2018), *Valor, capital e interés*, Unión Editorial, Madrid.

MERCIER DE LA RIVIERE P.-P (2001), *Il dispotismo e l'evidenza*, en MIGLIO B., a cura di, *I fisiocrati, Laterza*, Roma-Bari.

MERTON R.K. (1936), *The Unanticipated Consequences of Purposive Social Action*, en «American Sociological Review», vol. 1, pp. 894-903.

MERTON R.K. (1971), *Teoría e struttura sociale*, il Mulino, Bolonia.

MEYER E. (1905*)*, *L'evoluzione economica dell'antichita*, en PARETO v. (a cura di), *Biblioteca di storia economica*, Societa Editrice Libraría, Milán, vol. 2.

MIGLIO B., a cura di, (2001), *I fisiocrati, Laterza*, Roma-Bari.

MILL J.S. (1976), *Saggi su alcuni problemi insoluti dell'economia política*, ISEDI, Milán.

— (1983), *Principi di economía política*, UTET, Torino.

— (1988), *Sistema di logica deduttiva e induttiva*, UTET, Torino.

MILLAR J. (1803), *An Historical View of the English Govermnent*, Mawman, Londres.

MISES L. VON (1988), *Problemi epistemologici dell'economia*, Armando, Roma.

— (1996), *Autobiografía de un liberal*, Unión Editorial, Madrid.

— (2020), *Socialismo*, Unión Editorial, Madrid.

MONGARDINI C. (1970), *L'epoca della societa*, Bulzoni, Roma.

MONTAIGNE M. DE (2012), *Saggi*, Bompiani, Milán.

MONTALENTI G. (1990), *Introduzione*, en DARWIN CH., *L'origine delle specie, Boringhieri*, Torino.

— (2009), *Introduzione*, en DARWIN CH., *L'origine dell'uomo e la selezione sessuale*, Newton Compton, Roma.

MONTESQUIEU CH.-L. DE (1875-79a), *Lettres persanes*, en MONTESQUIEU CH.-L. DE (1875-79g), vol. 1.

— (1875-79b), *Traité général de devoirs de l'homme*.

— (1875-79c), *Considerations sur les causes de lagrandeur des romains e de leur Décadence*, en MONTESQUIEU CH.-L. DE (1875-79g), vol. 2.

— (1875-79d), *L`Esprit des lois*, parte I, en MONTESQUIEU CH.-L. DE (1875-79g), vol. 3-

— (1875-79e), L`Esprit des lois, parte II, en MONTESQUIEU CH.-L. DE (1875-79g), vol. 4-

— (1875-79f), <u>*Déjense de L'Esprit de lois*</u>, en MONTESQUIEU CH.-L. DE (1875-79g), vol. 6.

— (1875-79g), *CEuvres completes*, Garnier, París.

MORGANTI F. (2015), *Psicología anímale ed evoluzione nel secolo di Darwin*, ETS, Pisa.

MORROW G.R. (1923), *The Significance of the Doctrine of Sympathy* en *Hume and Adam Smith*, en «Philosophical Review», vol. 32, 1923, pp. 60-78.

MOSSNER E.E. (2001), *The Life of David Hume*, Clarendon, Oxford.

NIETZSCHE F. (1987), *La nascita della tragedia*, Adelphi, Milán.

NORTON D.F. (1982), *David Hume, Common-sense Moralist, Sceptical Metaphysician*, Princeton UP, Princeton.

OLLIER F. (1933), *Le mirage spartiate*, de Boccard, París.

ONCKEN A. (1902), *Geschichte der Nationalokonomie*, Hirschfeld, Leipzig.

— (1909), *Adam Smith und Adam Ferguson*, en «Zeitschrift für Sozialwissenschaft», vol. 12, Part r, pp. 129-137.

ORTEGA y GASSET J. (1946-83a), *El tema de nuestro tiempo*, en ORTEGA Y GASSET J. (1946-83j), vol. 3.

— (1946-83b), *Apuntes sobre el pensamiento*, en ORTEGA Y GASSET J. (1946-83j), vol. 5.

— (1946-83c), *Origen y epílogo de la filosofía*, en ORTEGA Y GASSET J. (1946-83j), vol. 9.

— (1946-83d), *Prospecto del Instituto de humanidades*, en ORTEGA Y GASSET J.(1946-83j), vol. 7.

— (1946-83e), *Una interpretación de la historia universal*, en ORTEGA Y GASSET J. (1946-83j), vol. 9.

— (1946-83f), *La idea de principio en Leibniz*, en ORTEGA Y GASSET J. (1946-83j), vol. 8.

— (1946-83g), *La rebelión de las masas*, en ORTEGA Y GASSET J. (1946-83j), vol. 4.

— (1946-83h), *La «Filosofía de la Historia» de Hegel y la Historiología*, en ORTEGA y GASSET J. (1946-83j), vol. 4-

— (1946-83i), *Meditación de la técnica*, en ORTEGA y GASSET J. (1946-83j), vol. 5.

— (1946-83j), *Obras completas*, Revista de Occidente, Madrid. OTTO R. (2009), *Il sacro*, sE; Milán.

PAGANINI G. (1980), *Analisi della Jede e critica della ragíone nella filosofía di Pierre Bayle*, La Nuova Italia, Florencia.

PALMER L.R. (1950), *The Indo-European Origin of Greek Justice*, en «Transactions of the Philological Society», vol. 49, pp. 149-168.

PAOLI U.E. (1933), *Studi sul processo attico*, Cedam, Padova.

— (1976), *Altri studi di diritto greco e romano*, La Goliardica, Milán.

PATTEN S.N. (1899*), The Development of English Thought: A Study* en *the Economic Interpretation of History*, Macmillan, Nueva York.

PELLICANI L. (1992), *L'individualismo metodologico. Una critica*, en ANTISERI D., PELLICANI L., *L'individualismo metodologico. Una polemica sul mestiere dello scienziato sociale*, FrancoAngeli, Milán.

PELLICANI L. (2011), *Dalla citta sacra alla citta secolare*, Rubbettino, Soveria Marmelli.

PLATÓN (A), *Apología di Socrate*, en PLATÓN (1970), *Dialoghi filosofici*, UTET, Torino.

— (B), *Repubblica*, en PLATÓN (E), vol. l.

— (E), *Le Leggi*, en PLATÓN (E), vol. 2.

— (D), *Lettera VII*, en PLATÓN (E), vol. 2.

— (E), *Dialoghi politici e lettere*, UTET, Torino 1970.

PLUTARCO (A), *Le vite di Licurgo e di Numa*, Fondazione Valla-Mondadori, Milán 1980.

POCOCK J.G.A. (1985), *Virtue, Commerce and History*, Cambridge UP, Cambridge.

POHLENZ M. (1978), *La tragedia greca*, Paideia, Brescia.

— (1986), *L'uomo greco*, La Nuova Italia, Florencia.

POLANYI K. (1983), *La sussistenza dell'uomo*, Einaudi, Torino.

POLLOCK F. SIR (1908), *Oxford Lectures and Other Discourses*, MacMillan, Londres.

POPPER K.R. (1972), *Congetture e confutazioni*, il Mulino, Bolonia.

— (1973-74), *La societa aperta e i suoi nemici*, Armando, Roma.

— (1975), *Conoscenza oggettiva*, Armando, Roma.

— (1981), *Materia, coscienza e cultura*, en POPPER.K.R., ECCLES J.C., *L'io e il suo cervello*, vol. 1, Armando, Roma.

POPPER K.R., LORENZ K. (1989), *Il futuro e aperto*, Rusconi, Milán.

PRIOR J. SIR (1891), *A Life of Edmund Burke*, Bell, Londres.

PROTAGORA (A), *Frammenti*, en *J presocratici. Testimonianze e frammenti*, Laterza, Roma-Bari 1999.

PSEUDO-SENOFONTE (A), *Costituzione degli Ateniesi*, Mondadori, Milán 2018.

QUESNAY F. (2001), *Il diritto naturale*, en MIGLIO B., a cura di, *I fisiocrati*, Laterza, Roma-Bari.

RAE J. (1895), *Lije of Adam Smith*, Macmillan, Londres.

RAPHAEL D.D. (1974), *Hume's Critique of Ethical Rationalism*, en TODD W.B. (ed.), *Hume and the Enlightenment*, Edinburgo UP, Edinburgo.

RAPHAEL D.D., MACFIE A.L. (1976), *Introduction*, en SMITH A. (1976-83a).

RASMUSSEN D.C. (2017), *The Infidel and the Professor*, Princeton U.P., Princeton.

RAWSON E. (1969), *The Spartan Tradition* en *European Thought*, Oxford UP, Oxford.

ROBERTSON J.M. (1900), *Introduction*, en SHAFTESBURY, Characteristics, Richards, Londres.

ROMILLY J. DE (1996), *La tragedia greca*, il Mulino, Bolonia.

ROSEMBERG N. (1963), *Mandeville and Laissez-faire*, en «Journal of History of Ideas», vol. 24, n. 2, pp. 183-196.

ROSS I. (1966), *Hutcheson on Hume's Treatise: an Unnoticed Letter*, en «Journal of the History of Philosophy», vol. 4, pp. 69-72.

— (1987), *Foreword*, en HAMOWY R. (1987).

ROUSSEAU J.-J. (1970), *Discorso sulle scienze e le arti*, en ROUSSEAU J.-J., *Scritti politici*, UTET, Torino.

— (1993), *L'Emilio*, Laterza, Roma-Bari.

RUSSELL B. (1956), *Portraits from Memory*, Allen & Unwin, Londres.

SALOMON A. (1945), *Adam Smith as Sociologist*, en «Social Research», vol. 12, 1945, pp. 22-42.

SAVIGNY F. VON (1980), *Sulla vocazione del nostro tempo perla legislazione e la giurisprudenza*, en DE MARINI F. (a cura di), *Savigny. Antología di scritti giuridici*, il Mulino, Bolonia.

SCHATZ A. (1907), *L'individualisme économique et social*, Colín, París.

SCHELER M. (1970), *Il fenomeno del tragico*, en SCHELER M. *La posizione dell'uomo nel cosmo e altri saggi*, Fabbri, Milán.

SCHULZ G. (1969), *Das Zeitalter der Gesellschaft*, Piper, München.

SCHUMPETER J.A. (1971), *Epoche di storia delle dottrine e dei metodi. Dieci grandi economisti*, UTET, Torino.

— (1982), *L'essenza e i principi dell'economia teorica*, Laterza, Roma-Bari.

— (1990), *Storia dell'analisi economica*, Bollati Boringhieri, Torino.

SCOTT W.R. (1900), *Francis Hutcheson: his Lije, Teaching, and Position* en *the History of Philosophy*, Cambridge UP, Cambridge.

— (1937), *Adam Smith as Student and Professor*, Jackson, Glasgow.

SCRIBANO M.E. (1980), *Natura umana e societa competitiva*, Feltrinelli, Milán.

SEBASTIANI S. (2005), *L'Esprit des lois nel discorso storico dell'Illuminismo scozzese*, en FELICE D. (2005), vol. l.

SEN A. (1988), *Etica ed economía*, Laterza, Roma-Bari.

SENOFONTE (A), *Memorabili*, Rizzoli, Milán 1997.

SHAFTESBURY LORD (1900), *Characteristics*, Richards, Londres.

SIMMEL G. (1972), *Problemi Fondamentali della filosofía*, ILI, Milán.

— (1984), *Filosofía del denaro*, UTET, Torino.

— (1989), *Sociología*, Edizioni di Comunita, Milán.

SIMONAZZI M. (2015), *Le favole della filosofía. Saggi su Bernard de Mandeville*, FrancoAngeli, Milán.

SMALL A. (1907), *Adam Smith and Modern Sociology*, University of Chicago Press, Chicago.

SMITH A. (1976-83a), *The Theory of Moral Sentiments*, en SMITH A. (1976-83f).

— (1976-836), *An Inquíry into the Causes of the Wealth of Nations*, en SMITH A. (1976-83f).

— (1976-83c), *Essays on Philosophical Subjects*, en SMITH A. (1976-83f).

— (1976-83d), *Lectures on Jurisprudence*, en SMITH A. (1976-83f).

— (1976-83e), *Correspondence*, en SMITH A. (1976-83f).

— (1976-83f), Works and Correspondance, 6 vols., Clarendon Press, Oxford.

SOMBART W. (1941), *Il socialismo tedesco*, Vallecchi, Florencia.

— (2009), *Le origini della sociologia*, Armando, Roma.

SPENCER H. (1852), *A Theory of Population, deduced from the General Law of Animal Fertility*, en «Westminster Review», vol. 9, pp. 1-35.

— (1857), *Progress: its Law and Cause*, en «Westminster Review», vol. II, pp. 431-485.

— (1860), *The Social Organism*, en «Westminster Review», vol. 17, pp. 90-132.

— (1873), *The Study of Sociology*, King, Londres.

— (1886), *The Principies of Biology*, Appleton, Nueva York.

— (1887), *First Principles*, Williams & Norgate, Londres.

— (1891), *Essays: Scientific, Political and Speculative*, Williams & Norgate, Londres.

— (1904), *Autobiography*, Williams & Norgate, Londres.

— (1906), *Principles of Sociology*, Appleton, Nueva York.

— (1907), *The Data of Ethics*, Williams & Norgate, Londres.

— (1978), *The Principles of Ethics*, Liberty Fund, IndiaNápoless.

— (1995), *Social Statics*, Schalkenbach Foundation, Nueva York.

STEPHEN L. (1902), *History of English Thought* en *the Eighteenth Century*, Murray, Londres.

STEWART D. (1829), *Dissertation Exhibiting a General View of the Progress of Metaphysical, Ethical and Political Philosophy, Since the Revival of Letters* en *Europe*, Hilliard & Brown, Cambridge.

— (1859), *The Philosophy of the Active and Moral Power of Man*, Phillips & Sampson, Boston.

— (1980), *Account of the Life and Writings of Adam Smith*, en SMITH A. (1976-83c).

STRAUSS L. (1957), *Diritto naturale e storia*, Neri Pozza, Venezia.

SWIFT J. (1969), *Satire scelte*, Sampietro, Bolonia.

TARDE G. (1895), *La logique sociale*, Alean, París.

THIÉBAULT D. (1860), *Souvenirs de vingt ans de séjour a Berlín*, Didot, París.

TOCQUEVILLE A. DE (1968a), *La democrazia en America*, en TOCQUEVILLE A. DE (1968c), vol. 1.

— (1968b), *L'antico regime e la rivoluzione*, en TOCQUEVILLE A. DE (1968c), vol. 2.

— (1968c), *Scritti politici*, UTET, Torino.

TREVOR-ROPER H. (1979), *L'Illuminismo scozzese*, en SANTUCCI A. (a cura di), *Interpretazioni dell'Illuminismo*, il Mulino, Bolonia.

TUCIDIDE (A), *La guerra del Peloponneso*, Garzanti, Milán 1984.

TUCKER J. (1755), *The Elements of Commerce, and Theoryof Taxes*, Bristol.

TURCO L. (2005), *Hume e Montesquieu*, en FELICE D. (2005), vol. 1.

TYLOR E.B. (2000), *Alle origini della cultura*, Istituti editoriali e poligrafici internazionali, Pisa, vol. 4.

VINER J. (1927), *Adam Smith and Laissez Faire*, en «Journal of Politica Economy», vol. 35, pp. 198-232.

— (1958), *The Long View and the Short*, The Free Press, Glencoe.

— (1968), *Commercio internazionale e sviluppo economico*, UTET, Torino.

VOLTAIRE (1969), *Dizionario filosofico*, Mondadori, Milán.

VORZIMMER P.J. (1972*), Charles Darwin: the Years of Controversy*, University of Londres Press, Londres.

WALRAS L. (1988), *Lineamenti di una dottrina economica e sociale*, Archivio Izzi, Roma.

WALRAS L. (1990), *Studi di economía sociale*, Archivio Izzi, Roma.

WEBER M. (1967), *Il metodo delle scienze storico-sociali*, Einaudi, Torino.

— (1968), *Economía e societa*, Edizioni di Comunita, Milán.

— (1976a), *La scienza come professione*, en WEBER (1976c).

— (1976b), *La política come professione*, en WEBER (1976c).

— (1976c), *Il lavoro intellettuale come professione*, Einaudi, Torino.

— (1992), *Storia economica e sociale dell'antichita*, Editori Riuniti, Roma.

WHITE L. (1969), *La scienza della cultura*, Sansoni, Florencia.

WOLIN S.S. (1996), *Política e visione*, il Mulino, Bolonia.

WOOD D. (1986), *Constant* en *Edinburgo: Eloquence and History*, en «French Studies», vol. 40, pp. 151-166.

ZEMEK T. (1987), *Benjamín Constant, Adam Smith and the "maule universel": the Impartial Spectator and his "Social Framework"*, en «Anuales Benjamín Constant», vol. 7, pp. 49-63.

ÍNDICE DE NOMBRES

Croce, Benedetto: 15, 19
Cubeddu, Raimondo : 11, 27, 165n

Danielsson, Jon
Darwin, Charles: 21, 24, 109, 110n, 157, 159, 161, 166, 174, 174n, 175, 175n, 176, 176n, 177, 177n, 178, 178n, 182, 182n, 183, 183n, 184n, 186n
Darwin, Erasmus: 110n, 174, 175n
Dawkins, Richard: 71n
De Luca, Carlo: 153n
Descartes, René: 52n, 55, 56, 57, 57n, 162n
Diamond, Douglas W.
Diderot, Denis: 125n
Diez del Corral, Luis: 156n
Disyatat, Piti:
Dodds, E.R: 117n
Dugald, Stewart : 26, 146, 152, 175
Durkheim, Émile: 23n, 51, 51n, 52n, 53n, 138n, 173

Ehrenberg, Victor: 38n, 39n
Ehrlich, Paul: 165n
Einaudi, Luigi: 15, 20
Elíasson, Lúdvík:
Engles, Frank:

Falloco, Simona: 15, 27, 189n
Ferguson, Adam: 109, 141n, 142, 142n, 143, 144, 152
Filangieri, Gaetano: 154n
Fink, Zera S.: 129n
Fischer, Stanley:

Flanagan, Mark:
Frazer, James George: 30, 30n, 31n
Freixas, Xavier:
Friðriksson, Ingimundur:
Friedrich, Carl Joachim: 14, 15, 45n, 48n, 58, 164, 165
Fry, Maxwell J.:
Fustel de Coulanges, Numa Denis: 30, 30n

Garrison, Roger W.:
Germand, Georges: 24n
Gilpin, Robert:
Grauwe, Paul de:
Grote, George: 44, 44n
Guðmundsson, Hjörtur J.:
Guizot, François: 54
Gumbel, Peter:
Guyau, Jean-Marie: 162n

Haarde, Geir H.:
Halévy, Élie: 86, 86n, 111n, 160
Hamowy, Ronald: 189n
Hayek, F.A.: 14, 15, 17, 18,19, 20, 25n, 26n, 42n, 53n, 54n, 57n, 58, 58n, 59n, 64n, 68n, 74n, 76, 76n, 80n, 81n, 83n, 98n, 99n, 107n, 109n, 110n, 129n, 133n, 136n, 141n, 146n, 162n, 163, 163n, 164n, 165, 166, 166n, 182n, 183n, 185n, 187n, 188n
Heckscher, Eli F.: 78, 78n, 79n
Hirschman, Albert O.: 187n
Hobbes, Thomas: 58n, 59n, 79, 80n, 88, 89, 107n

Hoffman, Banesh: 46n
Honjo, Keiko:
Horne, Thomas Hartwell: 79n
Howden, David:
Hübner, Otto
Huerta de Soto, Jesús:
Hülsmann, Jörg Guido:
Hume, David: 18, 21, 23, 24,
    29, 34, 34n, 54, 76n, 77,
    82, 85, 88, 93n, 94, 95,
    95n, 96, 96n, 97, 97n, 98,
    99, 99n, 100, 100n, 101,
    101n, 102n, 103n, 104,
    104n, 105, 105n, 106,
    106n, 107, 107n, 108,
    108n, 109, 110, 110n, 111,
    112, 113, 113n, 114n, 115,
    115n, 116n, 118n, 121,
    126, 129, 131n, 132, 133n,
    134n, 135, 141, 142, 143,
    145, 146, 146n, 161n, 164,
    165, 166n, 174, 174n, 175n
Hunt, Benjamin:
Hutcheson, Francis: 85, 87,
    87n, 88, 89, 89n, 90, 90n,
    91, 91n, 92, 92n, 93, 93n,
    94, 94n, 95, 96, 97, 97n,
    98, 98n, 99, 99n, 100,
    100n, 101, 101n, 108, 109,
    110, 111n, 112, 141
Huxley, Thomas H.: 184, 186,
    186n, 188

Iannello, Nicola: 27, 80n

Jaeger, Werner: 34n, 36n, 38n,
    40, 40n, 41n, 44n, 45n
Jaucourt, Louis de: 125, 126n

Jevons, William Stanley: 161,
    161n, 164
Jónsson, Ásgeir:

Kant, Immanuel: 51n
Kapur, Devesh:
Kaye, Frederick B. : 65n, 67,
    67n, 77, 77n, 80, 80n, 98
Keynes, John Maynard: 77n
King-Hele, Desmond: 110n
Knies, Karl:
Krueger, Anne O.:
Krugman, Paul:
Kupiec, Paul:

La Rochefoucauld, François
    de: 67
Landoni, Juan Sebastián:
Leechman, William: 97, 97n
Lewis, Michael:
Lipton, David:
Locke, John: 96, 96n

Machiavelli, Niccolò:
Malinowski, Bronisław: 30n,
    31, 31n, 41n
Malthus, Thomas R.: 174,
    174n, 175n
Mandeville, Bernard de: 18,
    21, 23, 54, 55, 67, 68, 68n,
    69, 69n, 70, 70n, 71, 71n,
    72n, 73, 73n, 74, 74n, 75,
    76, 76n, 77, 77n, 78, 78n,
    79, 79n, 80, 80n, 81, 84,
    84n, 86, 87, 88, 88n, 89,
    89n, 93, 94, 94n, 98, 98n,
    99, 99n, 104, 109, 110,
    110n, 111n, 115, 115n,

**Para más información,
véase nuestra página web**

www.unioneditorial.es